看懂消费 营销分析系列丛书

# 餐饮

## 定类营销实战分析

王政东 著

中国科学技术出版社

·北 京·

**图书在版编目（CIP）数据**

餐饮定类营销实战分析 / 王政东著 . -- 北京 : 中
国科学技术出版社 , 2024. 10. -- ISBN 978-7-5236
-1044-2

Ⅰ . F719.3

中国国家版本馆 CIP 数据核字第 2024HA8041 号

| | | | | |
|---|---|---|---|---|
| 策划编辑 | 褚福祎 | | 责任编辑 | 褚福祎 |
| 封面设计 | 创研设 | | 版式设计 | 蚂蚁设计 |
| 责任校对 | 张晓莉 | | 责任印制 | 李晓霖 |

| | | |
|---|---|---|
| 出 版 | 中国科学技术出版社 |
| 发 行 | 中国科学技术出版社有限公司 |
| 地 址 | 北京市海淀区中关村南大街 16 号 |
| 邮 编 | 100081 |
| 发行电话 | 010-62173865 |
| 传 真 | 010-62173081 |
| 网 址 | http://www.cspbooks.com.cn |

| | | |
|---|---|---|
| 开 本 | 880mm×1230mm 1/32 |
| 字 数 | 201 千字 |
| 印 张 | 9.75 |
| 版 次 | 2024 年 10 月第 1 版 |
| 印 次 | 2024 年 10 月第 1 次印刷 |
| 印 刷 | 大厂回族自治县彩虹印刷有限公司 |
| 书 号 | ISBN 978-7-5236-1044-2 / F·1307 |
| 定 价 | 59.00 元 |

# 序一
## 营销学科学化的求索实践

本书理论基础原自笔者研究多年的营销学科学化课题成果、所建构的营销科学系统框架——营销科学原理。本书内容均是以营销科学原理的学科框架范畴为基础，在定类思维之下对餐饮生意展开类别化营销分析，做营销科学学科范畴内的系统性商业论证。

起初《看懂消费》系列视频栏目，是对营销科学原理实践性应用的延伸，希望通过《看懂消费》栏目对不同类别的覆盖式分析，可以在更大的范畴中检验营销科学理论分析的有效性，以作为辅助营销科学原理的理论修正和理论完善众多验证环节中的一个维度。

随着营销科学原理理论研究的成果在实际工作项目里得到积极有效的反馈后，其他理论验证环节也在并行跟进。因此消费类别的定类营销分析内容就开始多了起来，当同一个超位、类位的内容做得多了后，再结合多年营销战略咨询工作中积累的类别实践经验，便会自然形成关于不同类别的专属的定类营销分析框架。

本书就是在这个前提下被构想出来的。本书不仅是《看懂消费》系列之下第一本针对消费类别进行专项定类营销分析的专研书作，同样也是基于笔者营销科学原理理论的第一本实践应用性书。

读者通过阅读本书，不仅可以在营销科学学科视角下系统性理解餐饮类别的营销分析观点，还可以了解到营销科学原理构建的营销科学理论的系统框架和复杂结构。

**营销科学原理思想概述：**

营销学科学化或是营销学向营销科学发展的过程中，到底科学在哪里？这应该是多数人疑惑的地方，在这里我做一个概括性的解答："营销方法的环节有效和系统性失败。"这句话是我正在写作的《营销科学原理》一书中导论的小节标题，是笔者对现在整个营销学总体问题的定论，同时也是营销学需要科学化的前提。

当下，几乎所有关于营销学的研究，几乎都是方法，然而方法只对方法内的环节起效，而将方法应用于整个系统时则必然失败。也就是说方法只能在局部有效，而当人们试图用方法解释方法范畴外的问题的时候，大概率是没有效果的。营销是一个复杂多元的系统，是由多个不同维度和不同环节组成的，并非只有单个环节。在复杂多元的营销系统中，营销问题的发生不会只在一个特定环节上，不同企业、不同时间遇到的营销问题会出现在不同环节里。这个时候用方法去解决系统问题，所谓的成功，一方面是守株待兔的概率问题，另一方面是以偏概全后的无效。

商业成功的概率本身就是非常低的，这是任何学科的加入都改变不了的商业事实。而把基于多重筛选后的商业合作企业，营造出甲方企业成功的核心要素，是与营销咨询公司合作后才能够成功的"传播事实"，进而在不断对这个传播事实进行重复和扩大的过程中，传播事实被进一步简化之后再进一步坐实变为认知事实，最后变为社会公认的所谓社会事实。

为什么营销行业可以如此？相比于一个公司其他的各组成部分的内部性需求来说，营销类岗位有着较强的外部性，直至媒体内容制作的广泛普及后，企业对营销的内生性需求才慢慢变得迫切和必须。营销类的工作内容在企业发展史中，绝大部分时间不存在，近代大部分企业内部不设立独立的营销部门。在中国直到21世纪，营销咨询才开始逐渐被认识，但是仍是以第三方合作为主，内部则不设立独立的部门。营销部门的企业内生化动因，一方面源于电商的发展，另一方面是媒体的普及，这也就是近十年内的变化，多数企业重要的营销工作仍以第三方合作为主。营销长期的外部性形式导致营销自然被独立认识，其他企业内生的各职能则被系统认识。

外部独立的发展事实方便了营销工作对传播事实的建立，同时，营销工作熟悉信息应用，并更加接近相关媒体权利，也是造成真正事实与认知事实模糊偏差后，仍会被作为社会事实去相信的关键因素之一。

随着营销工作的普及，营销方法在系统中的有效性必然降低，方法拥有者为了弥补方法自身解释范畴的限制，他们直接用组词造句的方式，以求增加方法所谓的能够对症的面积和数量。但是无论怎么扩展，它也离不开方法最初的范畴，结果就是方法无论如何组词造句，仍然无法掩盖方法依旧是方法的事实。因为方法向理论发展的路径，并非是组词造句，而是要先脱离掉这个方法的范畴，但这又会让方法拥有者无法舍弃。

组词造句除了想要扩大方法的适用范围，另一个目的就是强化方法的专属性。专属性的目的有三个，一是商标的合法利益保护，二是可以作为正宗性和权威性的源头拥有定义对错的权利，三是攫取专属性的议价红利。

几年前，我对营销行业的现状和发展趋势做过如下表述：人们对"营销"概念化、抽象化、形容化、复杂化、权威化、私人化的表述形式，几乎趋于成功。创造名词和通过"什么是什么"的句式定义名词，已经到了繁复和看不懂的地步，导致的结果就是不讲逻辑。但是，对"营销"基础内容的讨论，却没有什么进展。货类少了就定性为单一，货类多了就可以说一定要聚焦，而整个过程与货类本身和商业事实并没有什么关系。

市场营销这个专业未建立过系统性学科框架，以至于一些经历过大学时期专业训练的市场营销专业的学生，都不知其有何效用。如果我们留心大学院系内市场营销学专业课程设置，便会发现这是一门涉猎广泛的学问，涉及经济学、管理学、心理学、社会学以及一些市场调研方面的课程等。但是，当深究其主体理论课程时，便会发现这门学科没有建构起系统性学科框架；缺少学科专属且准确的语言体系；缺乏对构成营销学基础元素的深入研究和准确定义。

这些缺失都是极其关键和必要的，如同我们无法建造出一栋没有地基的坚固高楼一样。这里要说明的是我并没有反对学科综合化发展。相反，笔者在本书的写作过程中，借助了不同学科领域的研究成果，作为关键性论据。我反对的是在没有学科主体的情况下，拼凑出的那种学科综合性，而不是具有系统性的学科综合性。

如果我们将营销专业与任何一个科学化后的学科门类相比后，就会发现一个有意思的现象，即营销学科的方法统一度非常高，几乎可以做到一个方法能够一统整个学科的地步，无论是在思维上还是在实际应用中。可谓是万般事态，只有一招用。方法的局部适用，加之商业成功的极低概率，掩盖了方法代替系统后的守株待兔式的应用现实。营销学的深化分科、学科深度细分后的不同门类的研究维度，乃至于不同流派间的学科观点和范畴的拓展，这些都是现在的营销学所不具备的。难道是营销学已经先于物理学实现了学科大一统论吗？显然不是。人们甚至连营销的一些基本概念都没有统一，又怎么能实现学科大一统论呢？

整个营销行业到目前都没有明确给出营销的定义，以及市场营销的功能范畴和市场营销的主体工具。如果这些都不明确，我们就无法明确营销的功能和用什么去进行营销，也无法界定营销工作的有效范畴，更加无法明确大家因为什么而受益。

对学科的严肃定义，是无法用简洁的语言使其而显得权威和有效，也无法通过高度概括而让人容易理解。简单来说：学科功能、学科目的、学科覆盖范畴、学科核心工具、学科基础研究单位、学科研究的关键维度等，这些统统需要在对学科定义中进行准确说明。

笔者对营销的定义是：**营销就是基于物自身，重构出一个新的信息的物，使其符合人接受信息的认识规律，从而达成信息传达、认知建立、产品销售的目的。**

营销科学原理在对营销的定义中明确了营销的核心单位，或者说是营销的核心工具，就是信息。所有的营销都是通过信息作用于人的认知系统并且产生效果，从而达成营销的目的。所以，信息是营销的主要工具。所有可以被人们认知的事物，皆为信息的事物，不能被信息化就无法被认知。

人们对于信息的物的理解程度，直接影响了实体的物的被接受程度，以及人们对现阶段商业的理解程度，这才是最重要的维度。信息控制交易，这几乎已经成了不可辩驳的事实，进一步来说就是：信息控制需求。对于实体的物来说，需要考虑的问题就是：物的信息化转化，或是，天然地从信息化的物中进行衍生。营销科学与信息之间的关系，从未像现今这样显性和普世，营销科学的功能从未有过这般清晰的时刻。

这里需要对营销科学的定义做进一步解读。信息的物与实体的物区分的思想，是营销科学学科范畴里对物的系统性解构框架——商品属性论（见图 0-1），确定了物的双重形态，营销就是以实体的物作基础，用信息的方式重构出来一个实体的物的信息形态。这个重构出来的物一定是与实体的物有一定的差异，这也是为什么信息的物是重构而不是还原的原因。信息自身和信息呈现形式，两者里面都涉及信息的呈现技巧和内在规律。

使信息的物符合人接受信息的认识规律，一方面是指形式上的符合，包括沟通形式和信息内容形式，另一方面是指对群体需求和群体购买需求的系统规律的研究，体现于信息内容本身的效率。这里需求的研究是指群体的共性需求，一般情况下不会刻意关注极端个性的需求。

营销科学可以通过对群体消费者潜在需求的研究，预测需求的发展，从而通过信息的形式呈现给消费者，以达成高效率做出购买决策的目的。这也就是为什么营销科学不研发产品，但是却能通过信息重构产品认知，通过需求预判指导研发。

营销科学善于从购买的角度研究群体的需求，并且通过信息的形式加信息运输介质的运输，再传输给消费者，从而形成更加高效率的闭环链路。

认知建立是通过信息来完成传递的，这个过程其实是一个复合维度，不论是产品或品牌还是价格，以及社会评判或精神价值还是文化认同等，都包括在内。包括但不限于品牌价值、资产、调性等（见图 0-1）。

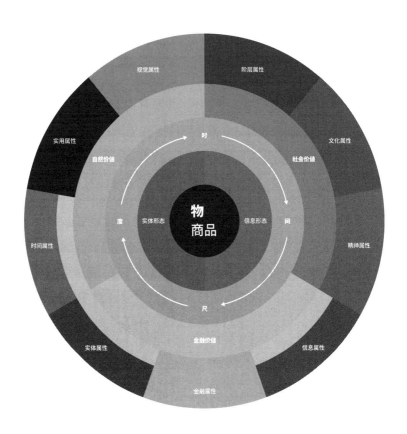

图 0-1　商品属性论

最后产品销售的目的，就是营销的最终目的。营销是用信息作为提升销售效率的方式，辅助产品达成最终高效率销售的目的。

销售行业主要销售的就是实体的物，营销行业营销的就是信息的物，通过信息的物的营销达成实体物的高效销售。这个描述进一步说明了营销和销售的主客关系，我再举一个例子来说明两者在细微部分体现出的不同。例如在超市里面，正常的价签就是销售工具，人们需要通过价签来了解价格是多少。那么，如果常规价签旁边有一个爆炸符号，写了一个 19.99 元 / 原价 28.89 元，那么这个爆炸符号以及上面的价格信息就是营销工具，这个方式就是营销手段（营销方式）。

笔者概括性解释了营销科学原理中对营销的定义，确定了信息是营销的基本单位和主体对象以及核心工具。如同语言是思维的前提一样，信息是认知的基础，实践中体悟与信息里认知，两条路径会造成认知效率的极大差异。这就是营销在当今时代对商业主体的重要性所在。

营销并非是一个神秘的学科，现阶段人们对营销功能的夸张和达成结果的夸张，都是为了混淆视听后方便"造神"而已。

科学的理论需要具备三种基本功能：第一，可以进行总结归纳，并应用于对后续类似事物的解释过程中。第二，可验证的预测，如果只是一味地对经验进行总结，而没有对即将发生情况的预测能力，经验的总结便失去了效用，只能留在箱底吃灰。预测会为研究指明方向，对某些现象率先进行假设，而后通过事实依据对假设进行判断。第三，可证伪性，就像卡尔·波普尔（Karl Popper）在其著作《猜想与反驳》中提出的概念："所有科学命题都要有可证伪性（Falsifiability），不可证伪的理论不能成为科学理论。"科学的标准即是：可证伪性。

除了对物的分析系统商品属性论外，本书还包括了 3Picdb 营销分析系统，即产品、价格、渠道、信息、沟通、需求、品牌 7 个维度的具体内容，以及类位层级分布图等针对系统不同维度的分析工具。

**营销科学原理在餐饮类别的实践性应用**

餐饮市场在近 15 年发生了多轮变化，笔者有幸作为亲历者在不同的餐饮营销咨询项目中，经历了餐饮类别 15 年变革周期。对于接触过的餐饮类别，笔者都在做持续的类别监测和分析跟踪，依据类别发展规律在不同的发展阶段前做类别发展预测，经历发展阶段后再做类别规律总结，通过阶段性结论再去修正对类别的营销科学观点。

餐饮类别跨入 4 万亿规模向 5 万亿规模迈进时，餐饮类别自身与消费者的餐饮需求同时发生结构性变化，想要切实看懂其中的变化，那么营销作为现代商业中不可缺少的环节，引入营销科学视角，对类别进行系统性和结构化的营销分析就变得不可省略。

本书书名的本意，就是站在营销科学的学科视角看懂消费。

本书是餐饮类别,未来其他本系列书也很有可能是服装类别,或者是美妆类别等。基于类别视角的营销科学分析方法,将会成为人们从营销科学视角,理解认知一个类别的重要组成维度,就如同从管理、财务、技术等不同学科专业来理解不同的行业一样。

本书从原则上抛弃了过往多数营销类书籍,以所谓的成功案例证明其营销方法有效的写作逻辑。笔者将每一个定类划分范畴,都当作一个课题做系统化结构性研究。注重基础分析和类别发展规律以及在规律下发展路径的研究工作,以提升营销判断的准确概率。沿着这个思路阅读,可以辅助读者建立一个全新的营销分析框架和营销思维系统。至少在对餐饮类别生意进行营销判断的时候,可以形成一个系统性的分析路径,辅助判断决策。

得益于对餐饮类别的长期研究和参与,本书几乎囊括大部分餐饮的超位、类位,并会对其主要上位类位和水平类位的类别进行学科化分析。

授人以鱼不如授人以渔。笔者认为在所谓"成功的案例"里,永远也找不出"方法的错误"。然而这就是一些营销类书籍的底层论证逻辑,也是本书要彻底摒弃掉的逻辑套路陷阱。脱离用"成功案例"证明"方法有效"的归因偏差。

本书从个体案例分析转向于对类别发展规律的分析,基于营销科学的学科框架系统,建立营销分析的系统范式。通过本书,澄明如何将营销科学的分析,作用于餐饮类别的分析实践中去,并且形成餐饮类别营销分析的系统分析框架。

相比于其他同类营销书会笃定地告诉读者方法的有效性，本书则是要通过建构营销科学的视角，帮助读者从原理上理解餐饮类别生意的发展规律，辅助读者开辟出一个营销科学的思考范式。读者可以基于营销科学范式的路径，展开进一步的内容思考。这样思考的结果，是比照抄书中的现成答案更有效的解决方案。

# 序二
## 餐饮类别内外部影响概述

2023 年，餐饮类别经历了大起大落，在上半年势头向好的趋势下，四五月后大量创业者和原有从业者开始了扩张性的动作，随后不久便出现了不同类别、不同街区的"关店潮"。从宏观数据来看，2023 年新开企业 318 万家，相较于 2022 年的 328.3 万家，略有下降，吊销、注销企业数量却倍数上涨，其中 28.8 万家企业在一年内即注销。

餐饮企业注册量以及吊销和注销量数据，并不能直接等同于实体餐饮门店的开闭店数据，有一些带有餐饮字样和经营范畴的相关类型的企业，没有开设对外门店经营的需求，例如一些餐具、食材、数据、广告等相关服务类型的企业。同时，工商注册后也不能表明会立即开设门店经营，有一些可能没有过实际经营就吊销、注销。同时，还有一些企业注册后长期没有实际经营，观望中因为营商环境的变化而放弃入局餐饮，或是其他一些因素导致放弃进入餐饮类别，从而产生了集中注销、吊销的情况。具体相关数据见图 0-2、图 0-3。

相关媒体报道对事实的失真，对从业者信心产生了较大的负面影响。从月度统计数据来看，餐饮类别在 2023 年从高开到低

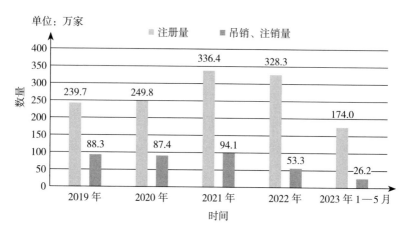

**图 0-2　2019—2023 年餐饮企业注册与吊销、注销量**

注：统计口径为企业名称、经营范围、品牌产品含关键词"餐饮"的企业。
资料来源：企查查，红餐品牌研究院整理。

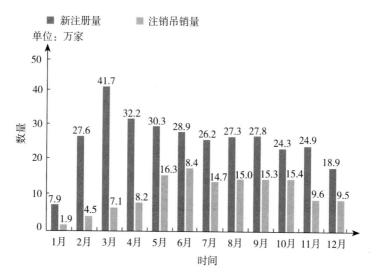

**图 0-3　2023 年餐饮企业月底表现**

数据来源：企查查。
制图：餐饮老板内参。

走，再到媒体"恐慌性"的报道，这样的数据反馈确实反映了餐饮类别面临的现实问题。因此，现阶段对于造成餐饮类别问题的核心因素的探索，才是我们要进行深入分析研究的，而不是面对失实数据的刻意恐慌。然而，从向好的维度来看，餐饮相关企业的注册量，并没有较大幅度下降。所以，在面对餐饮类别的商业判断中，相关决策人需要的是谨慎而非恐慌。

从中国餐饮类别体量增幅来看，中国人用在餐饮上的花销，近11年间增长了近4倍。中国餐饮类别产业规模在2006年突破1万亿元大关，随后在5年之后的2011年突破2万亿元大关，4年之后的2015年又突破了3万亿元大关，到2018年也就是3年之后突破4万亿元大关，2019年餐饮类别产业规模增长至46 720亿元，2020年滑落至39 530亿元，2021年强势回归至46 890亿元，2022年又回落至43 940亿元。餐饮类别在40 000亿到50 000亿元的震荡，已经过了6年的时间，迈向50 000亿元的步伐之艰难，是一众餐饮人在2019年时没有想象到的。这一过程如图0-4所示。

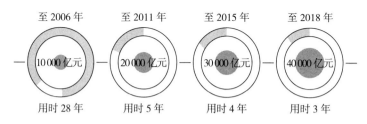

**图0-4　中国餐饮类别体量增长**

笔者在写序初，商务部公布了2023年全年社会消费品零售总额超 470 000 亿元，达到 471 495 亿元，比上年增长 7.2%。其中餐饮类别收入首次突破 50 000 亿元，增长 20.4%。依据上年和同比增长数据，餐饮类别在 2023 年规模初步估算下来约为 52 900 亿元。

为什么一面是数据统计的切实增长，而另一面又是媒体报道的普遍恐慌？这是一个耐人寻味的现象，谁在倒闭？谁在赚钱？谁在渔利？餐饮类别现状充分反映了类别竞争格局在转变，竞争势态在加剧，市场情况在分化，消费需求在分层，这是多个不同因素之间，相互影响下衍生的深层的结构性问题。

笔者认为影响实体餐饮类别发展的因素分别来自类别内部和外部，是两方面共同作用下导致的结果。我把来自餐饮类别以外的影响，总结为消费信心的紧缩而非消费能力的下降，是人们对经济增长预期的信心下降，以及对未来不确定性变化的恐惧，进而影响到了群体消费者最终表现出来的实际消费行为。

餐饮类别的外部影响，具体可以从三个维度去分析归因。主体因素还是中国内部在宏观经济结构调整过程中的信心问题，以及被调整的产业和将要替代上的产业之间，人的群体的变化和新产业对人群数量需求的减少。高精尖产业相比于劳动密集型产业，不仅是对人的需求量在减少，更多的是非行业内人士参与度大幅度降低，导致群体对经济的感知较弱。同时，也是对原有产业从业群体的批量化替代，而非是针对原有群体技能的升级。例如，中国造船产业的绝对领先，绝大部分人其实并不清楚，不像是房地产和互联网产业驱动时期，是以较大的人群基数参与进去后，产生的较大部分群体的经济感受反馈。在 2015 年到 2019 年这五年发展过程中，互联网的发展是多数人作为用户参与进去的，哪怕是扫码领瓶饮料、注册领红包，这都是建立在以多数民众参与为基础的经济感受。而反观造船业，离普世群体消费者的感受就远得太多了。也就是说，产业升级带来的实际经济反馈，因为大部分消费者无法切实感受到，所以导致了经济增长与群体感受的偏差。

另一个维度则是中国内部经济在高速发展周期中，部分产业累积下来的问题的集中性爆发，影响到了具体民众生活，调整过程中的方法和反馈不够准确和及时，造成了矛盾的淤积，影响了人们对于经济预期的信心。

还有就是外部局势的动荡变化，以及中国发展、其他国家关系地位发生的根本性变化。国内民众还需要一定的时间，去适应这一阶段的时代环境。

笔者曾分享过一个观点，叫作静默式消费时代来临——消费舆论和消费行为，两极反转。进一步的概述为，普遍性财富分配完成，阶层跃升分化固着，财富的新积累过程主体在于高科技产业，伴生于科学技术，并且受益群体较上一个财富分配阶段，范畴大大缩小。总而言之，就是机会成本提高。但是，这并不等于机会消失，只不过是获取机会的成本以及投入的要更多，才能把握机会。

对恐惧退缩的群体，比对风险有机遇预期的群体声量更大。结果就是少有人说买，实际却抢不到。看舆论环境后，再看经济数据，有一种强烈的反差感。不得不重视的阶层分化的严重影响，正是形成静默式购买时代的主因。同时，多数人不是怕现在没有，而是害怕未来不会再有。

内外变革之际，餐饮类别难以逃脱影响。与消费相关的群体行为表现可以归纳为：群体购买决策时的谨慎性会加剧，决策门槛提高和决策周期延长。然而餐饮类别属于日常性消费行为，相反在大件支出相对谨慎的前提下，人们对于即时性反馈的小花销类满足体验的需求，会逐渐提升消费占比，也就是会产生消费行为对象的转移。同时受其他传统行业下行阻力，接待型餐饮业态受影响程度相对较高。一方面是接待型需求下降，另一方面是消费场地由显性的餐饮业态转移到提供餐饮私厨服务的其他场景，或是自建餐饮招待场所。

之前餐饮市场的波动，主要原因是因为无法畅快实现餐饮消费行为而导致的阻碍。之后，消费行为的阻碍因素不复存在了，所以人们的餐饮行为，必然会出现补偿性消费需求。尤其在个人化关系的消费场景里，与商业招待性质的餐饮场景需求会有较大的不同。

在笔者看好中国经济发展的空间和增速的宏观判断下，虽然外部因素影响以及内部产业结构调整过程中显现出的阶段性问题，在一段时间内会对社会产生较大的影响，但是餐饮类别的花销对群体消费者来说，均非单次大项支出，而是高频低单价性的消费，所以影响相对较小。甚至会因为消费行为的转移，餐饮类别的规模增速会更加快。当产业结构调整初见成效，以及影响较大的行业顺利度过危险期之后，社会消费信心回升之时，民众的消费心态将会更加积极。

现阶段出现的消费降级现象，一方面是消费信心紧缩的表现，另一方面也是客观上存在的经济不景气、收入降低导致的结果，前一个维度的影响会更大一些。所谓消费降级，主因还是阶层分化后，不同群体的群体性选择倾向差异。更多的还是社会信心层面的影响，加之信息舆论的非客观性报道，使得不确定性因素干扰消费的负面作用愈加明显。那么，从文化上和群体性上归因，从众心理的行为倾向性，加上损失厌恶的负面情绪的共情影响，都会使得人们更加倾向于对负面信息的传播和认同。

外部因素对餐饮类别的影响，可以作为我们进行餐饮类别内部分析的宏观基础。接下来将回归于对餐饮类别内部的宏观问题的讨论，作为我们接下来做定类划分后，讨论不同餐饮类别的一个前期准备。笔者对餐饮类别内生性问题的判断，可以概括性总结为影响较大的三类宏观问题。

### 第一类问题：餐饮类别脱实向虚

什么是餐饮类别脱实向虚的问题，此前少有人讨论，笔者将其作为餐饮类别现阶段面临的第一类问题进行论述。

2023 年年底餐饮类别出现了一个被大家广泛关注的现象：打卡低分餐厅。这是典型的由群体消费者自发形成的，在餐饮选择时的反脱实向虚现象。第三方网络平台一开始对商家信息收录的行为，如果将其看作信息的汇集的话，那么网络平台对商家店铺的评分制度的建立，以及显示客单价的价格标示，就超出了信息汇集的范畴。超出的部分就是第三方网络平台可以对广大商家施行的权力，是可以改变商家营收和消费者认知的权力。对于商家来说，不仅要经营一个实体的餐厅，还要在网络平台经营无数个信息的店铺——这还不算外卖平台。并且在普遍情况下，信息的店铺控制了实体店铺的经营状况。第三方网络平台汇集商家的能力，是建立在商家希望获得更多客流这一愿望的前提下建立起来的，所以，第三方网络平台和商家在某个阶段，利益达成了一致。

任何一个第三方网络平台或社区，本质上都掌控了两种信息的权力，以及控制两种信息的权力。一种是控制价值信息的权力，另一种是控制价格信息的权力。什么是价值信息？就是脱离了买方和卖方购买关系后，第三方对其价值的评价信息。通俗来说就是，客观评价这个东西好不好，是群体消费者做出购买决策的关键性依据。什么是价格信息？不仅是明示了价格，更为重要的是标定了价格范围。这两类信息的提供，使得购买者享受了购买的便利性，以及在购买后因为买的正确，产生了购买后的自我愉悦体验。

有人会问，平台的权力从哪里来？一方面是从战胜了的其他同类型平台那里攫掠而来，也就是常说的垄断，只有垄断之后施行权力才不会遭到反抗，或是反抗的范围和规模都相对较小。另一方面则是用户赋予的权力，平台的权力就是被汇集起来的用户的权力加以商业化运用的权力施行结果。餐饮类别的第三方网络平台，控制权力施行的显性结果，就是可以掌控哪一个商家可以被优先看到，控制哪一个商家可以被看到多少次，进而实现控制商家部分客流和营收。

打卡低分餐厅的现象，是反餐饮类别脱实向虚的一种个体行为的短期集中汇聚现象，并不能左右长期的决策效率问题。为什么会将其定类为短期的决策效率问题，是因为绝大一部分人的餐饮消费决策问题，仍然要依靠第三方网络平台所谓的价值评分，去做出看似高效的购买行为决策。个体反餐饮类别脱实向虚行为的集中爆发，只会在短期内形成社会舆论，并不会对现有三方平台形成威胁。只有新平台才能替换在用平台，新平台在一段时间内会以群体用户的需求为核心导向发展，而在用户体量汇集到一定规模，用户使用行为固着后，利益则会成为新的三方网络平台，考量占比更多的部分。

在 2010 年年初互联网销售平台"百团大战"开始之后，第三方网络平台的操作路径就相对明晰。一般在竞争初期，就是拿商家的利润，贡献给消费者作为优惠，平台给你相应的流量反馈。竞争中期，因为同类商家的价格问题，导致大部分商家不得不自愿参与加入平台，流量的回馈开始递减。竞争末期，只有少数几个第三方网络平台在与众多竞争对手的厮杀中活着走出来，用户汇聚率前两名能够占据百分之六十以上的用户基数。被平台汇聚起来的消费者，就是平台的核心资产，三方网络平台对商家和消费者的控制便随即展开。第三方网络平台不仅要收回前期投入的企业运营成本，并且还需要通过用户集中后形成的垄断获取定价权力，也就是获取更多利益分配的占比，同时可以在一定程度上控制商家的营收。

脱实向虚问题在餐饮类别主要集中体现在两个维度：入口维度和人流维度。入口维度简单来说就是消费者从哪里进入门店的问题。前互联网时代，门店所处的地缘位置就是人们进店的主要入口，而互联网平台时代，门店入口不再由地缘位置决定，而是分散至不同的网络信息平台上。人们不需要再到实体门店所处的位置，就可以在网络平台做出进店决策，网络中店铺的展示位置和一系列信息的显示，削弱了实体门店地缘位置的价值和作用。

由此便会引申出人流问题，当实体街道上的人流转变为网络平台上的流量，人的主体性被拿掉了，通过动态性和个体定制性去控制每类人不同的展示排序，左右了人们行为决策的结果。原来实体地缘位置决定了人流的多少，街头十字路口一定会比街尾人流量大，商场主人流通道一定比边角位置人流量多，在一定程度上这是固定不变的。网络平台通过对流量入口动态的排序布局的掌控，是能够时刻精确控制一个实体门店的生意流量。而一条街上的人流量和一座商场的人流量，与网络平台上的流量是无法比拟的，网络平台上巨大的流量不仅完全碾压实体场景的流量，乃至于因为网络流量的引入，可以干预甚至左右实体场景店铺的经营格局。

一个第三方网络平台控制了入口，同时又控制了流量，等于变相控制了一个餐饮门店的"生死"。一个在网络平台上通过低价促销的餐饮门店，势必会影响周边同类型的餐饮门店的活动价格设定，如果其他同类餐厅在价格上没有动作，一定周期内的人流和营收下降是大概率会发生的情况。如果网络平台把合作商家类别和规模扩大，那么不参与的餐饮商家在一段时间内就会面临客源危机。

实体行业本身的特性决定了餐饮门店或者品牌，并不能形成像互联网平台竞争那样赢者通吃的市场格局。相反，餐饮类别是一个市场份额高度分散的类别，所以，自然就会形成快速的人来人走的市场反应，一波人退出，一波人进来，来了之后便会快速投身于此，参与到第三方网络平台的流量博弈游戏中。这也就是餐饮类别的竞争节奏在不断加速，刺激群体消费者的玩法和花样在无限变多的原因。

我们在这里并非是对互联网平台做价值评判，而是将商家与三方网络平台的博弈的真相做一个说明。商家想要解决这个问题的办法，也并非是抵制第三方网络平台，而是要在认清基本博弈关系的前提下，有度地与三方网络平台合作。建立门店与消费者两者之间的直接关系，并且用门店可控的方法放大这种关系的影响力。同时，还需要挖掘非垂直类别的价值信息平台，做相应的运营动作，辅助网络流量获取。

在门店运营端口，要系统性建立门店内部对外运营体系，从而强化与消费者之间的关系。

建立餐饮品牌和连锁化的方法，同样也是破局的关键维度，这是笔者在第二个维度要讲的问题。

更为重要的则是要回归到餐饮类别的本质去思考，需要在吃食上面做文章。这才是群体消费者与餐饮企业建立基础需求的维度，如何捕捉两者基础供需关系的有效建立路径，才是餐饮企业需要考虑的核心问题。只有基础需求的建立，才能达成稳定且长效的消费链接关系。

**第二类问题：餐饮企业连锁化与团队综合能力升维问题**

一家餐饮门店的竞争力主要源自口味竞争，而两家及以上的餐饮门店的竞争力就由口味竞争，扩展到管理竞争和团队竞争等综合维度。餐饮企业一旦涉及连锁化扩张问题，那么餐饮类别竞争维度随即就会开始改变。管理、运营、团队等维度的能力需求，必然会远大于只有一家餐饮门店的时候。这个阶段对企业能力要求开始拓宽，管理团队如果不能在这一时期实现能力内生性的升维，那么后续在连锁体系里将会出现较多的问题。

这是一个在多数由一家餐饮门店向连锁型餐饮品牌发展过程中，不太被重视的问题。大家本能地认为只要做好了一家门店，就可以将一家门店的经验照搬到未来五十家或一百家门店的建设和经营。这种想法很快就会在现实经营中遇见阻力，一般会呈现出短时间向好后、长期难以为继的情况。因为一道菜是在店里全过程处理还是在中央工厂处理后再运送到门店，这需要完全不一样的能力，中间不仅增加了环节，甚至连出品流程都需要根据标准化的要求去调整，流程改变了配方也需要适当调整，配方调整后紧接着会面临口味还原度等一系列问题。面对新增的环节和流程，以及处理这些环节所带来的新问题及其相关工作，就需要企业团队内生出相应的新的能力。

一般情况下，在连锁化餐饮经营发展模式里有一条定论，加盟连锁模式的门店数量和开店速度大于自主经营模式。这是一个发展路径选择的问题，同时也是一个扩张速度需求和自有现金流之间的对应关系问题，更是发展模式和赢利模式的路线选择问题。加盟连锁模式的性质，可以简单类比为平台化的生意类型，门店数量的扩张成为生意的主体之一，同时单体门店盈亏与否，对于平台来说只有多赚和少赚。

一般在旧有的对于加盟连锁的论述逻辑中有一条核心的弊端：管控问题。那么在新的依托于互联网系统的管理手段之下，这已经不再是一个可以左右管理的决定性问题了。一般来说，直营连锁在扩张速度和门店数量上天生是有劣势的。但是就其对餐饮类别品牌的影响来看，门店数量较难直接形成垄断性的品牌优势地位认知。

对于餐饮类别来说，门店数量自身并不能够对群体消费者产生较大的决策干预，而是需要通过品牌运营的汇聚，将品牌的影响通过每一个门店实现行为化的扩散，以增强认知上的强化关联，每一个门店扩散出去的、由品牌端发起的影响力动作会再转化为品牌向上的动力，形成周而复始的循环反馈系统。

如果想要通过门店数量，干预并影响消费者的行为决策；那么，这一方面取决于同类品牌的门店数量，这是一个相对的值，另一个核心方面在于，品牌如何将门店数量转化为品牌在消费者认知中的势能，再通过行为不断强化对品牌的认知。这一部分内容，在本书第六章有较为详细的论述。

餐饮类别是一个规模集中度相对较低的行业，连锁化餐饮企业并非是发展的唯一解决方案。虽然规模集中是发展趋势之一，但是问题是集中到多少会停止集中。连锁化餐饮企业是餐品的标准化的解决方案，但是面对群体消费者对餐品的多样性需求时，这是无法通过标准化的问题去解决的。标准化是一种各个维度均有折中的相对均衡的解决方案，并非是餐品极致美味的解决方案。而餐品是否美味，才是人们选择餐品的主体因素，只不过是在商业化社会的快速运行节奏中，标准化对选择便利性的满足同样重要。

餐饮类别的实际竞争中，并非是连锁品牌就具有绝对的比较优势，有可能是只有一家门店的馆子可以比有一千家的餐饮门店更有竞争优势，这是餐饮的需求特性导致的。

刨除掉一些基础的财务指标之外，对于选择加盟的企业有三个重要的考量指标：具备相对优势的品牌影响力；具备深度辅助参与运营的能力系统；具备长效持续稳定作战的能力。

一直以来餐饮类别都被认作是可以低门槛进入的行业，而在竞争对手不断升维竞争层级的条件下，餐饮类别的门槛也被不断拔高。多数新入餐饮行业的从业者，并没有预想到餐饮行业的入行难度，还想以一个可以当甩手掌柜的心态去做，这样很难经营得利。

大家在做定类选择的时候有两个方面要注意，一方面是尽量做能够满足基础需求类型的餐饮形态，而不要总想着做一个能够凭借一个点子火一把的餐饮形态。另一方面是在产品口味竞争上建立优势认知，口味才是长期经营的核心保障。在满足了这两方面的前提条件后，才可以去进行尝试形式创新的想法在此之上。除此之外，还要在运营管理维度亲力亲为，重视运营不断优化服务。做好算细账、做累活、勤观察、善总结、及时改等维度的细节工作。

### 第三类问题：市场分化消费分层与餐饮企业长期存活问题

中国市场面临的是市场类型分化，以及消费需求分层的势态，笔者在 2017 年提出的需求红利观念对这一现象做了预测和系统性的论述。

普适性需求满足与群体分类后的特定群体性需求满足，是餐饮企业要考量的主体问题，决定了生意类型及其相关维度的一系列问题。在传统的需求表述之前，还需要加上一个定语：阶层化需求，才能对需求做更准确有效的表达。对需求准确的描述，就是对生意机会的有效捕捉，同样也是建立相关生意逻辑的基础。

这一部分的内容，会在不同餐饮类别的分析中有相应涉及，同时附录 1 中也会做专项论述。

为了在竞争激烈的餐饮类别里有效生存，一些企业采用了不同维度的形式创新方法，无论是产品上的还是模式上的抑或是创始人噱头上的，凡此种种不一而足。但是，越是花样频出，越是无法有效长期生存。如何将尝鲜型消费行为转移为门店长期存活的手段，这将是善于做形式创新企业需要考量的基础问题。

对于餐饮类别内的从业者来说，形式创新的尝试成本比 10 年前多百倍有余，餐饮类别的内部形式创新机会的空间，几乎已经被大的连锁餐饮品牌反复尝试过了。新人做餐饮形式大的创新的空间和可能性，在不断地被压缩。毕竟餐饮类别内部可以做创新的空间，并没有那么大，而且形式创新的吸引性是有时间周期性的。

能够抓住类别里普适性需求的部分，并加以有效地满足，是保证餐饮企业长期生存的基础。如何平衡尝鲜行为对群体消费者的刺激作用，和稳定供需关系保持的压舱作用，则是企业高效长期生存的根本。

在大面积开店和大面积闭店的浪潮中，无论是新手还是老手，对门店长期存活问题的考量，都将是一个持续性的命题。

# 目 录 | CONTENTS

# 第四章　异国餐饮类别营销分析

# 第五章　预制食品类别营销分析

# 第六章　现做茶饮类别营销分析

# 第七章　现做咖啡类别营销分析

# 绪论

营销科学原理是一种全新的营销科学学科框架，故绪论部分旨在说明本书的写作逻辑，以此方便读者更加有效理解本书的内容。

笔者曾经做过中国餐饮类别的排查图谱，但是本书并不会做如此翔实的字典式的论述，而是挑选出具有代表性的餐饮类别，基于此建立起对餐饮类别结构性和系统性的分析框架。因为餐饮类别始终是处于动态发展中的，任何固定形式的分析结论，都会有过时的时候，未免有些刻舟求剑的意味。本书的内容是对营销分析框架的教程演示，以及在不同条件下对分析框架的应用过程的说明，以便于读者可以熟练运用这个分析框架。同时，在遇到一些突发情况时，能够用这个分析框架进行合理适时的判断。

笔者无法把所有的餐饮类别都事无巨细进行穷尽式的分析，一是这样皓首穷经式的分析过于消耗时间，估计终其一生也无法达成，毕竟竞争环境时时都在改变。框架式的分析更容易掌握和有效应用，这也是笔者在前期，筛选分析类别的一个考量指标，每一个类别的分析，都需要体现出分析框架更多的实用性。经过一段时间内的反复试验，才打磨出了现在这样的写作思路，以及成书结构。

在每一个餐饮类别的营销分析中，都包含着不同的对分析框架的应用形式。这就需要读者通读此书，进而完整了解分析框架多样的应用形式，熟悉分析框架在不同类别中的应用方法。了解后再解决自身所处的餐饮类别的问题时，才能进行有效的分析和灵活的应对。如果只能照葫芦画瓢，则一旦环境出现变化，就无法有效适配了。

看完本书，对营销分析框架的学科视角的建立，比从书中得到了哪些小点子更重要。因为，掌握了分析框架，就可以进行适时的合理判断，基于判断的有效性，做分析和结论以及出具解决方案，这样才能更加有效。因为社会科学类的学科，都具有时间可变性的特点，所以定论性的答案不是一个有效的解决方案。这样无异于固定瞄准点后再去打移动的标靶，能够命中也不能归因为打得准，而是靶位碰得巧。

切记，不要把本书当成环节、方法去看待，而是要用系统性、结构性思维去理解，把其作为一个餐饮类别的理论分析框架去看待，通过对全书的阅读与思考，获得一个从营销科学原理建构起来的对餐饮类别的营销分析框架。如此，则可以从系统性和结构性维度入手，处理餐饮类别的营销问题，并且给出学科化的意见，以及切实有效的解决方案。

接下来就是成功率的问题，也就是学科有效性的问题。因为对一个新的学科分析框架来说，没有人会不关心其到底有多少成功率的问题。因为长久以来，营销行业的局外人，他们看到的都是恰似百分百的成功概率。然而我们看一看天使轮 A、B、C 轮融资后的商业现象成功概率有多低，真实情况就可想而知了。一个真金白银给你钱的人，所预判的生意和企业，其成功率到底有多低？这很说明问题，毕竟一旦创业失败，那么投出去的钱就没有了。对于最精明的投行来说，商业投资的成功都是小概率事件，为什么营销咨询行业的成功率就能有无限高呢？人们往往错误地预期了营销咨询的效用，这是很大的问题，一般的预期是期待，而现在对于营销咨询的效用认知几乎可以被归类为迷信。

营销是众多商业学科分支之一，能够帮助企业从专业的营销维度，解析生意现状和判断问题，并且基于发掘到的学科问题，给予相应的解决方案，辅助决策者在汇总了不同专业学科的判断结论后，做出更加高效率的商业决策，这才是营销科学的实际效用。与财务、销售、技术、人力等专业并无差别。至于到底能够有多少的成功率，笔者坚信商业的成功是小概率事件。这一商业基本准则。但是，企业在汇聚多方专业意见后，能够有效排除诸多不利条件，使得准备阶段更为充分和理智。这样才能系统地增加成功率，进而在一定程度上降低失败概率。在理论推演到实际落地的执行还原过程中，更多的是要看企业的团队的配合，以及临场发挥方面的决策。同时，一个企业长期的发展，更要看企业掌舵人对局势的有效预判。

需要再三强调的是，任何学科的加入，都改变不了商业成功是小概率事件的基础事实。人们能够增加的是成功的可能性，而不是百分百地确保成功。这一部分的错误认知，与营销公司对自身长期营销，错使人们产生误解，是密不可分的。

接下来笔者将从以下 3 个维度说明本书的写作逻辑：第一，营销科学的分析框架。第二，类别规律的营销分析。第三，营销科学分析模型的引入，以及为餐饮类别建构的营销分析框架，现已经修订至第三版。

**（1）营销科学的分析框架。**再次强调一下营销的定义：营销就是基于物自身，重构出一个新的信息的物，使其符合人接受信息的认识规律，从而达成信息传达、认知建立、产品销售的目的。

基于营销科学分析框架，介入不同餐饮类别进行营销分析。因为类别现状和影响发展因素的差异，营销分析的介入维度会有所不同。营销分析不是用一成不变的方法去限制分析的物，而是会基于分析的物的特性，给出具有适应性和有效性的分析框架。通过分析框架的路径，去进行新的发现，而不是对事物简单的归纳总结。

人们总把方法的固定性和确切性，误认为是方法的权威性或者叫作专业性，这其实是错误的。就如同十几、二十年前流行的品牌树，发展到现在树成材了可以盖房子了，然后品牌树就变成了品牌屋。这类东西本质的错误有两点，一点是把归纳的形式模板，当成了发现的前提要素。变成了有了这些就万事大吉的逻辑自欺，把所谓的完整性等同于有效性。业内误把这种归纳总结的表现形式,当作一个有效的结果。然而一个事物的形式完整,并不能说明其结果有效。另一点则是把比喻的修辞便利,当作了被比喻对象的结果有效。也就是说,比喻成功就等同于结果有效。但是,把一个东西比作成另一个其他东西,并不能使两个东西达成一致。比喻的修辞手法,只是为了让人们更好理解一件事物,并不能通过比喻改变事物的原有意义。任何比喻的描述,都无法充当解决方案。

把"方法的环节有效"错误地当作可以有效应用至整个系统的解决方案,其结果就是守株待兔,碰上一个方法能解决的就有效,反之则不了了之。

本书的分析框架主体有两个:3Picdb 营销分析框架和餐饮类别定类营销分析框架。3Picdb 营销分析框架其中包含了对产品专门进行专项分析的商品属性论,以及价格、渠道、需求等部分的系统性论证过程。餐饮类别定类营销分析框架是对类别规律的系统研究结果,可以从更加宏观的角度着眼,理解类别在实际商业中的内在逻辑。本书不会对分析框架进行专项论述,但会融合在实际分析过程中。

因为类别之间的差异,笔者在对不同餐饮类别做研究时,切入角度和分析论证过程中必然会有所不同,这样一来便可以在营销科学的分析框架中,找到更加有效的营销分析切入角度,能够达成有效分析的目的。同时,有助于读者朋友看到营销分析的灵活性,以及针对问题切入角度的有效性,希望尽可能向读者展现营销科学原理，在实际使用过程中分析路径的多样性。

（2）**类别规律的营销分析**。杰尔姆·布鲁纳（Jerome Bruner）指出："每个感知行为都包含一个分类行为。"每一次知觉都涉及一次分类。分类，类别化认知，是我们简化认知世界的方法。在记忆容量有限的生物学前提下，我们的记忆系统在组织经验信息时遵守经济效率原则。当人们运用类别化认知机制抽象单个事物的识别表征信息时，人类记忆系统抛弃了单体逐一记忆这样消耗大容量存储空间的机制，转而使用类别化记忆的组块化存储机制。类别化记忆不仅减少了信息存储容量，在信息提取阶段，类别化机制同时提升了提取和认知的效率。

类别化认知的结果必然会形成类别化需求，也就是说，人们的需求源自类别，所以我们的分析主体是以类别为基础单位的。这就是研究类别规律得到结论的有效性和长期性基础。在此，笔者引用商业项目提案报告中前提描述内容作相关说明：

其一是研究方法的学科背景。社会中现存的对象，无论是自然对象还是社会对象，都是历史生成起来的，我们不能拿掉历史这个维度。

他们的一切，都将必然夹带历史演变过程中积淀下的意义以及现存形态的必然性，这就是定类营销科学原理对类别研究的存在论思想，当我们从历史科学的角度深入发掘类别演变的规律和特质，会揭示出其未来发展的必然性路径。它是被规定好的，但是这种规定允许进步和突变。

这就使我们可以通过把握历史必然性和进步突变的规律，明晰所处商业类别中的战略路径。

历史唯物主义考察问题的方法明确规定，它的研究对象是社会发展的一般规律。和以社会生活某一局部领域、某一个别方面为对象的各门具体社会科学不同，它着眼于从总体上、全局上研究社会的一般的结构和一般的发展规律。

其中对物的分析过程，是以辩证法为认识基础。

其二是研究对象的必要说明。把类别作为研究主体，而不会把个体对象作为研究主体，因为类的规律必然作用于类别中存在的个体对象中，而个体对象却无法违背类的规律。

同样，从存在意义上来看，类对个体的胜利是永恒的。所以类上反应的规律，才是正确且可用的，因为我们无法在对个体研究过程中剔除掉偶然性的影响。

人类对对象的认知皆为类别化认知，需求的原初发生同样源自类别。认知和需求皆发生于类别，亦说明了对类研究的重要性。

总结下来可以分为理论主体和对象主体两个主体。前者以历史唯物主义分析问题的理论为主体，后者将类别作为研究的主体对象。有三个优势：①时间尺度下对事物发展规律的动态分析能力。②类别规律作用于类别内个体的有效性和修正能力。③全局范畴下对局部问题的理解判断更加准确和有效。

（3）**营销科学分析模型的引入。**营销分析模型的构建是非常困难的一件事情，笔者在进行理论化过程和项目实践验证时，一般会历经几年的时间，最短的分析模型的论证周期也不会短于一年半的时间。本书主体的分析模型：餐饮类别定类营销分析框架，也是以原有的餐饮类别分析模型为基础，逐渐演化完善而来。在短短一年时间内，有修改记录的大的调整有 3 次，微调更是不计其数。大的调整都会有调整时间和编号标注，以便于对分析模型迭代更新的版本记录，以及明确告诉读者，我们的分析模型并非一成不变，而是当商业事实发生变化时，分析模型也会做出相应的调整。

3Picdb 营销分析框架是营销分析的基础模型，在本书里不会做专项说明，而是会通过具体项目的分析做说明。比如，商品属性论、类别规模示意图、类位等分析模型，都会在营销分析应用过程中进行论述。餐饮类别营销分析框架见图 1。

读者朋友一开始只需简单了解分析模型即可，后续在营销分析过程中，可以结合内容对照着看，逐渐掌握对分析模型的有效应用。当经验被验证后上升至学科理论，再由学科理论凝练成一个又一个不同环节的分析模型，这样才能使人们可以系统性和高效率地理解并掌握学科内容。经验上升至理论的过程，就是验证经验有效性的过程。掌握了营销科学分析模型，不仅分析的效率会有较大幅度的提升，分析的有效性也会有较大的提升。营销分析的准确性会提升营销判断的准确率。

| 维度 | 子类 | | | | | |
|---|---|---|---|---|---|---|
| **风味**<br>餐品整体对人的刺激感受 | **一、味感**<br>人群口味对味的刺激感受 | 香气<br>鼻子：嗅觉刺激与记忆<br>性状<br>餐品形态与物理状态<br>块茎类｜干稀鲜度 | 味型<br>舌头：味觉刺激与记忆<br>形式<br>成型形式与味觉差异<br>煎炸烤性 | 口感<br>口腔：触觉刺激与记忆<br>技法<br>烹饪技法与风味差异<br>煎炒烤性 | 复合多样<br>形式创新<br>极致性细分<br>餐饮发展3条主要路径 | 多样性需求<br>新奇性体验<br>专业性追求<br>群体宏观需求3个主要维度 |
| **附加值**<br>效率增益 | **二、呈品**<br>吃的体验形态感受 | 营养性<br>健康与否的判断 | 食补性<br>食材的天然功效共识 | 功能性<br>靶向功能需求 | | |
| **基础＆未来**<br>创新源泉和长效发展的基础 | **三、增值**<br>健康和功能需间的价值标准 | 地域性<br>属地特产效应 | 特色性<br>风味的外部适应性与融合 | 正宗性<br>原发地效应 | 文化和医学与食材同进一步需求联结<br>食物价值判断 | |
| **效率**<br>餐饮类型化物质决定 | **四、文化**<br>文化认同是产品认可的前提 | 价格<br>价格决定市场基数&决策依据 | 场景关系<br>空间与阶层<br>约会 商务 休闲｜家人 客户 朋友 | 需求类型<br>类型化与阶层性<br>促进关系 吃饭｜高端 中端 低端 | 认知向行为转换中文化负责意识形态干预<br>社会价值判断标准 | |
| | **五、决策**<br>需求场景决定价格范畴 | 转化<br>是否重复购买<br>类别复购率&品牌复购率 | 周期<br>两次购买间间隔时间 | 稳定性<br>行为类型与类别性质 | 便利性<br>时间成本<br>获取便利性 食用便利性 | 超边际决策维度<br>餐品本身的决策依据 |
| | **六、复购**<br>长效保障 | | | | 价格与复购呈反比关系<br>成本、售价、效率｜高频刚需稳定 | |

**图 1　餐饮类别营销分析框架**

注：①图中举例仅参考（最小字号内容）并非全部，只作部分内容示意。

　　②便利性作为需求类型的一种，因其重要性遂将其独立出来。

万物皆有规律。探求让现象得以可能的因果路径，把握其中的关键变量，才能形成对现象有效的总结，以及对商业发展的合理化学科预判，才是营销科学的学科价值所在。

如果营销科学在未来能够有分支发展的机会，笔者希望现在所做的营销科学分析形式，被人们定类为营销科学里面的营销分析学派，这正是笔者所擅长的维度。

图 2 为 3Picdb 营销分析框架图。通过阅读本书，读者对餐饮行业在营销科学的视角上，会有一个全新充分的理解。不仅是理解餐饮类别，而且会对营销科学这个全新的学科，产生一些兴趣和一定的理解。

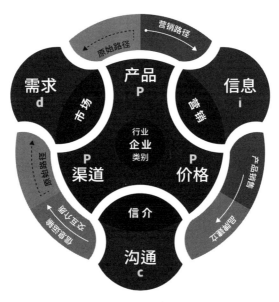

图 2　3Picdb 营销分析框架图

　　希望读者在阅读本书之时，能够先从接受的视角理解内容，在阅读完全后再进行认同或批判。有两个原因：一方面是本书的论述结构与传统的营销类书籍里的内容形式不一样，较为新颖，所以为了避免在阅读习惯上和理解上的不适应和偏差，还是需要以一个全新的视角看待本书。另一方面则是语言描述的习惯问题，本书的用词偏学术，通读后可以有效避免在部分环节处产生误解。

　　最后，还要再次强调，营销科学学科视角对餐饮类别的论述，只是众多学科视角之一。大家在做具体餐饮决策时，不能仅依赖于营销科学视角，还需要同时引入不同的学科分析结论，做更为宽泛的宏观判断。只有这样，所做的大大小小的决策，准确率才会更高一些。

# 第一章

# 快餐类别营销分析

第一节

# 商业社会的"超充加油站"

快餐从类别命名上来看，就体现出是为了适应商业社会较快的生活节奏而催生出的类别，是餐饮类别对"人需要吃的效率"这个需求，给出的解决方案之一。所以，快餐是用快速和便捷作为形式框架的标准，从众多餐饮类型中去寻找适合快餐形式框架标准的餐饮元素，筛选出适合的餐饮类型后，再由快餐的形式框架标准对选定的餐饮元素进行适快餐化改良，最终形成快餐类别的生意范式。

笔者对快餐在现代商业社会价值，理解最为深刻的时候是在2020年3月的时候，家人在公司工作，当时的环境外出吃午饭又不那么安心。我选择每天做饭让家人带去公司，前两天还蛮有趣味，兴头十足。然而只过了四五天之后我就有些烦累，第二周只坚持到了周二，带饭计划就宣告结束。周围朋友坚持的时间有多有少，能够长期坚持下来的真的是没有几个人。

同年4月初，我们启动了一个快餐类项目，开始在北京市场做同类餐饮的走访工作，在对七八个商圈近百家门店的走访后，看到的现象是大中型正餐类餐饮品牌门可罗雀，快餐类门店几乎恢复至新冠病毒疫情之前的水平。据局部数据显示，北京、广州、深圳、长沙、成都等城市的市场几乎都是如此，正常营业后一个月左右能恢复至此前八成营业收入，再之后逐渐恢复至此前水平，甚至有些门店因为周边竞争门店的减少，营业收入还有一些增幅。

快餐业态在商业社会中之于消费者就是刚需。这种需求的性质，就像是车之于超充加油站的需求。与车对油电能源需求的唯一性不同，人们对于快餐的需求则是变化的和多样性的。正是由于人们需求的多样性，进而不断催生不同的餐饮类别被快餐的形式框架筛选和规定，形成了快餐类别现今多样性解决方案的局面。

快餐选用正餐类菜品的发展趋势和正餐快餐化的降维打击型解决方案，同时进入快餐场景，这两类发展路径的趋势分化充分说明了消费者对快餐需求的多样性，不仅体现在吃食主体，还延伸至对吃的形式不同而带来的体验差别的需求。快餐将正餐类菜品用快餐的形式规定改良后，可以让消费者"大菜小吃"，这里的小更多的是指向费用少压力小，同时能够享受到正餐类的菜品体验。更多的快餐化场景则是一人食，哪怕是多人一起用餐也是各吃各的。

而正餐快餐化之所以能够称为降维打击，前提一样是费用少压力小，但是是沿用了正餐的餐饮形式，也就是三四个人各自点一个自己喜欢吃的菜，形成一个正餐式的用餐场景，等于一个人花了一份钱吃到了四份菜，无论是氛围体验还是空间环境体验，相较于份餐形式的快餐类门店，是多方面综合提升的解决方案。其中最为核心的依然是口味上的回归，从工业化味道到现烹式口味，群体消费者对餐品味型的敏感度和辨别能力，是非常精细的。

餐品类型和整体方案的多样性需求，作为核心驱动力之一，使得快餐类解决方案进行了大的定类分化。传统快餐类解决方案和正餐类快餐解决方案，站在不同的范式起点，朝着满足群体消费者快餐需求的路径中进发，因为起点不同，解决方案系统自然就会产生较大的差异。

在群体多样性需求的规定下，众多适合的餐饮元素便会被选中，逐渐进行快餐化适配。不同区域里特色产品和菜式味型，率先会在区域内开始自主地完成快餐化业态的建立，后续才会开始进行全国性扩张。除了对不同餐饮元素挖掘以外，满足群体多样性需求的另一个维度，就是餐饮模式上的形式创新，运用不同的规则或呈放形式来满足吃的形式上的多样性需求。

适配调整的过程，就是餐品标准化和工业化的过程。这里有一个关键性的指标，就是口味还原度指标，其比较对象就是现做现炒类的餐品。快餐类别在餐品工业化的路径上狂奔了30余年，工业化快餐并不是餐品的唯一解决路径，现烹式快餐对其在口味上的比较优势明显。一方面是成本与规模的企业需求，另一方面是口味与特色的食客需求。很多人把其看作是对立的环节，笔者却不这么认为。人对食物的基础需求的内在因素，是不会被商业对业务环境以及人在面对商业环境时的外在因素所彻底推翻的。借助于工业互联网对传统管理范式的颠覆性改变，使得在传统中所讲的那些不可解的老问题，现在都有了解决的可能性。

快餐类别未来发展的焦点，是围绕工业化快餐和现烹式快餐的类型化竞争展开。工业化快餐面临的难题是口味还原，现烹式快餐面临的问题则是管理效率与规模化发展，从现存的市场现状分析，前者的难度大于后者。

快餐类别生意，是一个刚需高频稳定的需求，并且满足需求的条件相对纯粹并不复杂。当今社会可以没有任何一种餐饮类型，但是绝对不能没有快餐类的解决方案。面对如此刚性的类别化需求之下，类别内部的任何创新变革，都需要基于一个前提——长效。无法与群体消费者建立长期需求效用的解决方案，不能成为快餐类别的优质元素。

第二节

# 类别发展路径与类型演化

　　快餐类别的发展几乎同步于整体社会商业化的发展路径，随着社会商业化程度的不断提高，城市化和城镇化的人居形态慢慢形成。如同农业社会对人们居住形态的内生性要求一致，工商业的产业形态必然会对人们的居住生活形态产生颠覆性的变革。城市化和城镇化的人居形态条件下，自然会产生人口大量的迁移，由此社会人员结构就会产生变革，社会群体内人与人之间的关系就会发生大的改变。这种规模宏大的社会变革的内驱力，则来自人们对不同维度更高效率的需求。

　　从语言命名中，我们可以清楚地理解两种社会阶段的划分：农业社会（土地耕种）向商业社会（交易分工）的转变，自然会形成两种社会类型差别下，不同的社会人居形态。现代城市无论对于交易还是生产，两者的效率都是提升的，同时在城市里，更容易找寻到志同道合的人共事，也就是说人与人之间的人际合作更容易达成。

　　中国在改革开放之后，工业化的生产方式和城市化的人居形态，不断对传统农业社会自给自足式或局部分工的生产方式造成冲击。随着商业化发展进程的不断推进，分工更加细化，效率更加高，交易成本持续降低，交易效率持续提升，这些都刺激了市场，从而形成了一个正向循环。中国城市的面积随着大量进城发展的人口基数的增加而不断扩张，城市化率也不断提升，不同规模的城市数量也在不断增加。

　　回望类别发展前期的人居生活形态，也就是改革开放之前绝大多数人口生活在农业型社会，那时候依托于农业生产的社会节奏是较慢的，基本上保留着自给自足的生活形态。哪怕是在城市工作，由于当时城市面积较小，以至于人们的生产生活半径依然不大，大多数人有时间回家吃饭。城市中依然保留着中国传统人居结构，类似于三代同堂的结构，哪怕没时间做饭也能回家吃现成的。如果条件不允许，那么则需要自己用饭盒带饭或是在食堂打饭吃。又由于经济收入限制，在外面吃饭的次数都少得可怜。那时候人们几乎没有所谓快餐的概念，吃饭就是吃饭，哪有吃快饭和吃慢饭的区别？而这一时期，类似于快餐的餐饮解决方案就是食堂，也就是说在前快餐时期，笔者习惯于将其称为食堂快餐时代。

　　改革开放的号角吹醒和推进了中国市场化的进程，私营企业的崛起为市场注入强大的活力。城市发生了较大的变化：一方面是由于生产节奏的加快导致人们生活节奏也开始加快；另一方面则是城市人口规模开始大规模增长，人口在各城市之间的流动频率提升，居住结构也由传统的三代同堂慢慢转变到独立打拼，传统中国人居形态改变；再一个方面是城市面积开始扩张，人们通勤距离和通勤时间逐渐变长，城市由熟人社会转变为生人社会。

商业社会之于吃的需求满足来说，最为显著的行为变化就是午餐需求需要在外面解决。

当盒饭类和面馆以及粉店大量满足此类快餐类型的消费者需求时，快餐这个概念还没有在中国被创建和普及。直到 1987 年 11 月，以美式快餐为品牌定类的肯德基餐厅在北京前门开业，被中国消费者当正经西餐吃，虽然叫快餐，但是满足的需求却不是快餐类需求。那时候肯德基在中国唯一不符合快餐需求标准的一点，是定价系统。对于当时人们来说，肯德基过高的定价让人只有在特殊情况下，才有能力和意愿在一段时间的规划后去消费。

尽管如此，肯德基还是通过美式快餐一词，率先在中国创建了快餐这一餐饮类别，快餐一词作为类别概念逐渐被消费者认知。快餐这个类别命名，准确命中了中国城市群体对餐饮，尤其是午饭解决方案的需求。快餐类的餐饮解决方案，逐渐开始被群体消费者以类别化的形式进行需求归类，也就是说类别建立和类别主体功能需求确立后，快餐类解决方案的定类分化现象开始衍生扩张。

类别化解决方案的汇集行为有两种形式，分别为：类别命名趋同和类别形态趋同。类别命名趋同较为容易理解，即将一个餐厅的名字后面直接做定类标注，例如某某快餐，在餐饮业态发展初期，快餐的餐品解决形态与盒饭关联度较高，一段时间内快餐几乎等同于盒饭。类别形态趋同是并不以快餐作为定类标注，但是同样是满足快餐类需求为主体的餐饮业态。在快餐类需求较大的地段，如果有一家出餐快价格相对优惠的粉面馆或是包子饺子馆，抑或是一个小炒盖饭餐厅等类似的饭馆，人们会自然选择这类形态的餐厅作为快餐需求的满足方案。

那么在快餐类解决方案连锁化品牌化发展的过程中，对美式快餐的定类区隔和形式模仿也在进行。如果我们将餐饮作为超位类位，那么快餐则处于上位类位，美式快餐则处于水平类位，对于做中国食物的连锁化品牌化快餐企业，定类区隔在水平类位展开，即美式快餐和中式快餐的类别区隔。餐品解决方案的差异，是类别区隔的必要性前提，中式快餐类别被创建。代表着汇集了一系列需求的中国原生风味的餐饮类型解决方案，被正式命名为中式快餐类别。类别确立后，不仅准确表述了餐品解决方案的类型，同时群体消费者在认知和对自我需求的梳理过程中有了相对准确的标的，使得对需求的把握和表达更加准确有效，这样一来，类别内的解决方案的规模自然就开始扩充。类别的建立，是对类别化需求准确的汇集和有效的捕捉，表现在群体消费者上的现象即是，人们将需求的一系列信息汇集为用一个名词即可进行表征，以此来提升信息表述的效率，为进一步深入认知做了准确的范畴限定。

但是直到现在一些营销行业的从业者仍然宣称类别（品类）没有办法被创建，而是自然衍生出来的。一方面这是纯粹忽略了类别衍生的真实过程，另一方面则是为了"神化"所谓的类别（品类）而做的模棱两可的表述。类别即是一个名词而已，而名词的基础意义则是准确表述物类，而对新的物类的创造，即是对新的类别的创造，从类位思维考量，即是原有类位的类别是否能够准确表征新的物类的范畴，如果有差异则会依据物类的特点，或向上或水平或向下创造一个新的类别名称，来更加准确地描述新的物类。

连锁化、品牌化的中式快餐类别创建后，美式快餐的用餐环境、设计风格、套餐形式、收银形式，以及出品形式和背后的QSC（品质、服务、卫生）标准化操作流程，乃至整个供应链和出餐流程都被学习效仿。而在初学阶段，消费者则会认为这种类型的餐饮业态，是一种带有先进性和高级感的快餐解决方案。确实，相比于私人小餐馆，这类连锁化品牌化的中式快餐门店，确实让人们的就餐体验得到了极大的提升，尤其是在用餐环境上。

随着时代的发展变化，快餐类别的直接命名逐渐势弱，可是群体消费者对快餐类别的需求范式，已经被牢牢稳固在人们的认知框架里了。餐饮商家虽然不再以快餐作为定类标注命名，但是满足人们快餐类需求的解决方案这个类别化需求的事实却没有变化，也就是说满足快餐类需求的解决方案正在多元分化，无论是餐品类型还是餐饮业态形式，都在做积极的纳新和改变。

快餐这一准确的类别命名，后来之所以在对消费者进行定类信息传递时被隐去，而现在多用于行业统计描述里，是两方面原因共同作用的结果。

一方面是人们对于快餐类解决方案的多样化需求与快餐类别命名对餐品信息表达的不准确性或笼统性问题，两个维度共同作用下产生的结果。因为在消费者进行快餐类需求解决方案选择的前提下时，人们就已经前提性地构建出了快餐类解决方案的前提范畴，这样一来商家用快餐还不如直接用食物类型，或是工艺特色去进行定类命名标注，这样更容易驱动群体消费者对餐品的多样化类型需求。也就是说，中式快餐这一水平类位的信息，已经是前提性预设并且是共识了的信息了，在快餐类需求之下选择相应的餐饮元素则会更加高效。例如现在人们在沟通午饭吃什么的时候说我想吃一个快餐，这样的信息传递其实是模糊和无效的，因为大家选择的都是快餐类的解决方案，在这时只有说想吃刀削面、拉面或者盖饭，抑或是品牌选择时，人们才能相对准确地进行沟通。

另一方面则是快餐类别不具备进一步定类划分的可能性和必要性，尤其是在消费者信息传递维度，米饭快餐、粉面快餐这类信息多用于类别数据信息统计，在快餐行为已经达成类别化共识的前提下，对于快餐类的信息进行表达，其实是冗余的信息传递。同时，快餐命名并不能对餐品的价值或认知做进一步的提升，无论是快餐兰州拉面和兰州拉面，群体消费者都能将其对应到自身的快餐需求上来。而且产品正宗性和文化性的感知提升，均不能通过快餐这个类别命名来实现，相反加了快餐二字反倒是会对餐品的认知产生歧义。也就是说，在快餐类别行为范式已经达成共识之后，快餐类的消费需求的一系列规定就已经确定，快餐信息的传递就需要直接进入到符合中国人对餐品的认知分类上去。因为只有这样，类别的正宗性和文化性才能得到进一步的提升和传递。

快餐类需求是一种行为范式的共识，而不是某类食物餐品的统称。

快餐用其自身内在的形式规定，对不同类型的餐品做形式上的要求，将符合形式要求的餐品类型筛选出来后，再进一步调整至完全匹配快餐要求的产品系统解决方案，以满足群体消费者的多样且复合的餐品类型需求、价格需求、便利性需求。符合与否的考量标准不单是餐品自身，同时还要考量技术和成本以及管理等综合维度。

上面描述的这三个需求维度，这就是人们对快餐上位类位的类别化需求，如果进行一个排序的话则是：便利性需求、价格需求、多样且复合的餐品需求。也就是说凡是可以满足这三条需求的餐饮类型，都可以承接群体消费者的快餐类别需求。

近些年人们在说的正餐快餐化现象，可以分为两个部分来看，一部分是正餐产品的快餐化现象，这不是一个新的现象，在快餐类别一开始就是用快餐的形式筛选正餐的元素。另一部分则是主体因素，正餐形式和正餐场景的快餐化，这是快餐类需求解决方案的再一次升级，并且又是从用餐形式和场景维度做的一次大的调整。同时也连带着价格的降级，使其达到了人们对于快餐价格的需求范畴。价格在这里是一个核心的决策要素，从价格维度上来看，就是正餐类通过以降低价格为前提，形式和场景快餐化，进入了快餐类需求解决的场景。

与此同时另一个快餐发展现象则更加值得关注，小吃快餐化现象在不同小吃类别里面发生，小吃类别通过餐品形式的变化以及主食类型产品的加入，逐渐进入属于快餐的刚需场景。

正餐向下，小吃向上，都是朝着快餐类解决方案，能够满足群体消费者高频固定的刚性需求场景去的。正餐类型的需求可以减少，小吃类型的需求也可以降频，但是吃饱乃至吃好一些的快餐类需求，是从生理上就注定无法避免的，同时频率也相对固定。

2023 年中国小吃快餐细分品类门店数占比如图 1-1 所示。对于快餐类别的进一步分析，我们则需要从快餐这个上位类位，深入至水平类位维度进行定类划分，因为水平类位因其餐饮元素的不同，必然会导致餐品对需求满足的差异。快餐类别定类划分主体可以分为米饭类快餐、粉面类快餐、包饺饼馅类快餐、粥类、麻辣烫类快餐、综合类快餐和西式快餐等 7 类。

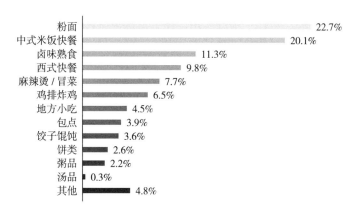

**图 1-1　2023 年中国小吃快餐细分品类门店数占比**

资料来源：红餐大数据，数据统计时间截至 2023 年 12 月。

读者需要注意一点，这些类型的划分只是我们需求研究时的统计口径，而并非是发生在群体消费者认知中的决策路径。因为我们需要对不同类型的餐品的需求差异，做出详细的论述，所以我们才需要做如此的定类划分。群体消费者在选择决策路径中，是不会经由这一维度的，所以最终的餐品类型，将会是群体消费者在水平类位决策的主体。包括在后续我们对水平类位的快餐类型进一步做定类划分，也是如此的原理。

既然不出现于消费者的选择维度，那么为什么我们还要进行分析？因为对物能满足需求分析得越准确，餐品满足消费者需求所对应的维度就会越准确，餐品对于需求的贴合度就会越吻合。由此而来，信息的物对实体的物的重构就会更加精确。

除了我们较为熟知的社会餐饮外，还有一个不可忽视的餐饮类型——团餐类餐饮解决方案，属于类快餐类的成餐形式。据中国饭店协会统计，2022 年中国团餐市场规模高达 18 400 亿元，约占整个中国餐饮市场 41%，但是较 2021 年减少约 421 亿元。从发展速度来看，由 2017 年的 11 900 亿元增至 2022 年的 18 400 亿元，每年增长幅度高于餐饮行业平均水平。

团餐类满足的需求类型，同样是高频固定的快餐类解决方案需求。如果我们将社会快餐的营收与团餐类营收加总，按照 2022 年的统计数据（见图 1-2），其规模约占餐饮总规模的近七成左右。如果算上人们在正餐类门店选择其推出的快餐类餐品解决方案，以此来满足快餐类需求的话，那么这个快餐类消费行为的占

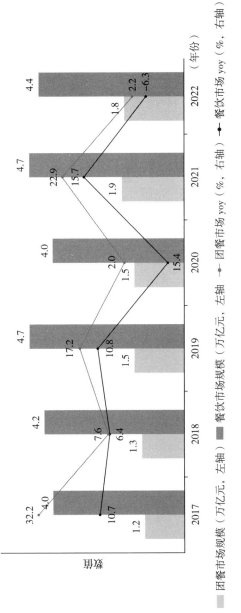

图 1-2　中国团餐市场规模

比将会更高。虽然这个数据无法准确统计，但是从消费行为和企业餐品的对应需求来看，推论结果不会产生太大偏差。

在 2017 年左右的时间段，我们曾经对餐饮类别的营利业务维度做过一个宏观的判断："餐饮类别未来四大核心场景是：堂食、外卖、团餐、零售。餐饮类别的竞争维度逐渐复杂化和多元化，坪效从一维计算到四维计算，对不少餐饮企业都是非常大的挑战，尤其是在产品及运营层面。餐饮品牌想要实现长效获利，四大核心场景的能力必须全部具备。"

目前这个宏观判断已经成为趋势之一，快餐类相关企业同样适用于这个判断。关于社会餐饮类的团餐业务，应该是以小团餐类业务为核心，赶在午市档口之前利用配送时间差，预先做一轮集中出餐。提升门店坪效的同时，延伸品牌触达的空间，晚餐时段同理。当社会快餐类餐饮进入小团餐业务场景，对于需求方的选择性将会有极大的拓展，正是由于需求满足方案的新奇性，以及社会餐饮的品牌认知加持，快餐企业在早期业务拓展期间，将会有较大的认知优势。

关于零售场景类业务的开展，较为适配快餐类企业，尤其是连锁类的快餐品牌。零售产品的类型主体有三类，原材料零售和预制食品零售，以及料理包类零售。关于预制食品类的零售内容，读者可以看第五章的相关论述。零售是快餐企业营收的放大器，能够快速扩张营收规模。但是如何平衡堂食消费者的联想认知，以及如何选择零售产品等问题，都需要企业在执行过程中做对应的思考。

对快餐类别未来发展有两个维度的预期，第一个维度是规模预期，也就是以社会快餐类别的水平类位统计口径计算，哪一个水平类位的快餐类别能够率先突破 5000 亿的统计规模。如果以现阶段统计规模最大的米饭类快餐计算，意味着类别规模至少需要翻一倍以上才能实现预期。而这种规模的增长，并不会只是单一类别增长，必然是快餐类别内部各个水平类位类别的整体性增长，基本就是需要快餐类别整体至少再增八成以上的规模。

不得不说这是一个拥有巨大挑战难度的预期，需要多方因素的共同支持，才有可能达成如此的预期。所以我们需要抓住市场空间、战略路径、战术方法三个主体问题。解决相应问题的方案同样对应三个核心思路：下沉市场、深化创新、深度运营。

笔者在 2016 年左右就发现了这个现象，并且就已经开始着手对市场空间问题做相关性的研究分析，在 2021 年发布了一个论证观点：人才返乡潮——人口回流对商业行为的深度影响。从行为示范效应切入，做了概要性的论述："如果说互联网是信息不对称的弥合剂，那么人才返乡潮就是行为间差异的深度普及化教学。形成信息到行为间的深度整合。一线向新一线、新一线向二线的人才返乡潮都会潮汐式地带回原有所在地的生活方式和行为习惯。这些生活方式和行为习惯深度影响周边群体，将会迅速形成群体性需求，扩容类别规模。二线及以下城市，是商业类别的新根据地（咖啡类别、宠食类别等，在近 2 年的时间里，持续验证了此观点的正确性）。行为'下乡'的深度示范，将成为商业'下乡'的加速器。"

不同线级和区域的城市，消费行为的差异对快餐类企业来说，就是深化创新的空间。这是一个积极的因素，而在过往的行业讨论中，多数都将其归因成负面因素，或至少是管理和产品开发上的难度因素。深化创新的同时也就意味着满足需求的解决方案的细化问题，通过解决方案对需求进行更契合的对应，以此来更有效地形成需求刺激。与高线级城市对正餐快餐化的演化路径相反，低线级城市对快餐正餐式的需求强烈存在。

运营问题一直是连锁餐饮的大问题，如何建立以品牌为主导、单店为阵地的运营模型，是需要以门店类型划分为前提的，只有对门店类型的功能可能性深度研究，才能够促成自上而下的运营体系的可操作、可执行性。最终深度运营成果的好坏，将会体现在单店营收数据的比较上。

另一个维度是餐品类型定类分化预期，也就是通过餐品类型或形式的分化，开创出新的快餐细分类别，通过群体消费者对餐品的类别化需求，实现类别规模的指数级扩大。并且实现消费行为频率的固着，建立有效的类别化需求基础，通过类别需求刺激群体消费者的快餐行为。这是餐品类型的定类创新路径。

其中还有另一条路径，即门店类型的形式创新，不涉及餐品的创新，只是在门店形式上做相应的形式创新。例如，可以涉及风格上的差别，以此带来视觉上的冲击和感受上的差别。也可以是形式上的组合，音乐或休闲或露营的形式与快餐进行结合，带来不同的用餐体验。

快餐类型定类分化后，需求的满足将会朝着两条路径进行。一条路径是需求的不断细分，另一条路径则是需求在不同程度上的集合。无论是哪一条路径，其内部都会衍生出除基础需求外的另一条需求维度，即阶层化需求——同一个类别内不同价格区间的餐品解决方案和价格选择空间。阶层化需求对应的指标非常明确，就是以价格为主体的指标，因为在某些条件下，价格是判断价值的主要指标。阶层化需求不仅对应对物的需求，同时还对应着购买力差异，原有在一个价格内付出购买行为的结果，分化成在不同价格带付出购买行为，其中更多的是向上购买，以此达成了需求红利的行为结果。也就是说在购买行为次数不变的前提下，通过购买价格的提升，实现类别规模的扩充，笔者将这一类消费行为统称为需求红利现象。

虽然快餐类别的市场份额依然处于增长阶段，但是因其市场空间和人群基数的限制，后续类别规模上升的空间只余下价格这一主体维度。也就是说在快餐这个大类下的类别战争，正走向存量市场竞争态势，这将会导致类别内部竞争的激烈程度大增。

第三节

# 类别供需分析与发展判断

## 米饭类快餐形式定类划分与需求差异

米饭类快餐因其自身优势，商家率先将米饭类做成符合快餐要求的形式，使其实现了全国范围内的形式普及，并且有大量的品牌连锁化商业行为发生在米饭类快餐类别。基于2022年的市场份额占比，米饭类快餐略微领先于其他快餐类型（统计不包含卤味品牌），一方面这是米饭类快餐先发优势形成的结果，另一方面说明米饭类快餐口味普及程度和形式适应性的结果。那么在与其他快餐类别增速比较中，自身规模和类别占比两方面都在被拉近差距，类别先发优势正在逐渐被削弱。

米饭类快餐在发展过程中出现了不同的类型划分，从统计分析维度来看，其定类分化出了两个统计类，分别为：饭菜分离类和饭菜融合类。这是米饭类快餐生意类型选择的第一个路径分化节点，其重要性贯穿整条生意链路。对于群体消费者来说，两种类型的核心差异源自需求满足的不同，因为餐品香气、味型、口感，性状、形式、技法6个维度形成的味感和呈品上的刺激感受差别，进而形成了人们对不同类型的餐品在风味上的整体刺激感受差别。这是原生于餐品内部的差别，并且在需求端口任何细微的调整，都能够作用于群体消费者不同的风味感受刺激。中国的餐饮消费群体，对这一点是极为敏感的，而且有辨别和接受的能力，还有着极高的尝鲜热情。

饭菜分离类的米饭类快餐形态，是较为符合中国人吃饭的行为习惯的，因为这种饭菜分离的餐饮形式，就是中国人自古形成的饮宴方式，其中不仅规定了餐饮形式的习惯，更是形成了味觉感受上的体验习惯。俗话说，"饭是饭味，菜是菜味"。以此实现了饭菜分离类快餐，满足消费者4类主体需求——菜品多样、味感丰富、呈品各色、风味干净，以及1个吃法特色——可以自由融合的自主操作空间。

饭菜分离类的快餐供需核心建立在菜品风味上，因为群体消费者在做选择决策时的思考路径，就是基于菜品范畴做路径排查和决策。如果非要在饭和菜之间做一个笼统的定量占比，那么有很大的可能是一成（或更少）比九成（或更多），以米饭作为决策依据占极少数比例。消费者一般的决策路径是先缩小菜的类型范畴，再缩小同类菜品的店铺选择，在菜品合口味的大前提下，米饭的品质做了轻微的加权，甚至大部分人不会考虑到主食类这一层级，因为不喜欢米饭可以用其他主食替代。只有在面临极小一部分米饭挑剔者时，米饭的权重会进行相应的提升，但是也无法占到能够左右决策结果的权重。米饭好是加分条件，而不是影响决策的必要条件，千万不要陷入主食陷阱。

此类饮食行为，更为符合中国传统饮食习惯，既能保持餐品风味的独立性，又能保证吃得丰富多样。能够贴近这种需求类型的解决方案，将会是饭菜分离类快餐发展的主要路径之一。盒饭的形态以及食堂类快餐的商业形式，可以通过形式创新，成为米饭类快餐主体解决方案之一。

饭菜融合类的米饭类快餐形态，在饭菜一体后衍生出了新的餐品风味，像是盖浇饭（盖码饭）和卤肉饭这类上菜时并未充分融合的餐品，同样能够衍生出新的餐品风味。饭菜融合类快餐类的餐品形态，提升了人们用餐的速度、节省了部分时间，更加贴近快餐类别快的需求。以此来看，饭菜融合类快餐满足消费者的三类主体需求，分别为味感复合、风味融合、便利性，并且伴随着味感和呈品单一的类别需求缺陷，与群体消费者对餐品多样性的需求有相应的偏差。但在实际消费行为中，这一点并不影响最终决策，因为吃的多样性需求是相对的，最终还是会依据风味喜好，进行相应的选择决策。

饭菜融合类的餐品丰富性是集中在内部的，也就是单看这一份餐品里面是丰富多样的，而从一餐只吃这一种东西的角度来看，口味丰富度相对匮乏。为了弥补这个问题，商家会提供付费或免费的小吃小菜小点，作为弥补餐品外部单一性问题的解决方案，通过配菜的加入补充消费者的多样性需求。这样不仅增加了餐品的丰富度，同时也能相应提升客单价。

如果能够进一步从战略的维度看待，弥补多样性需求满足不充分的事实，那么解决这个问题则会获得战略上的成果。配菜的补充，不仅可以满足单次的多样性需求，以及在一定程度上拉升客单价，其战略上的意义体现在复购维度。一方面是通过需求满足得更加完善，能够在一定程度上提升复购转化的效率。另一方面则是因为配菜扩大了消费者需求动因的数量，实现了与消费者之间更多的链接关系，所以在一定程度上能够缩短复购周期。也就是说，配菜在群体消费者做购买决策时，能够起到一定的助力作用。

饭菜融合类的快餐基于技法和形式，加之融合后的复合多样，从而实现了味感的差异化感受和刺激，以至于多种餐品元素集中在一个整体后，产生了新的风味刺激感受。

而在这里面也会有多种类型的划分，其中像是煲仔饭、石锅拌饭这类融合类米饭快餐，因其技法和厨具的使用，改变了蒸米饭的口感，使得米饭也形成了新的风味感受刺激。同类型的餐品都会面临一个相似的问题，就是开创新味型的餐品认知较难，因为群体消费者没有对多种口味类型进行深度认知的动力。造成这个局面有三个方面原因：一是人们认知集中在于其技法形式，供需链接建立于此，因为这一部分的类别特质就足够建立起一部人对其的需求，所以对于类别更深一步的信息需求不强烈。二是原始味型固着，消费者将类别里基础口味的餐品等同于类别的全部。三是类别商家竞争过程中，并没有将餐品的细分化和味型的多样化作为主体竞争维度，竞争层级没有深入对餐品类型认知的扩张。

盖浇饭，或叫作盖码饭，这一类别属于饭菜简单融合类型，其供需建立的原点仍在于菜品，或叫作菜码上，这与饭菜分离类的快餐一致，菜品的风味构成了消费者选择决策的核心依据。像是猪脚饭、卤味烧腊饭等类型的，都属于简单融合类型的形式。

卤肉饭和拌饭类基本就属于深度融合类型的餐品，需要充分拌匀后饭菜的风味才能充分体现出来。拌饭类在菜品的类型上正在朝着多样化的方向发展，以菜品为核心供需基础。而卤肉饭由于其原始味型固着现象较为强烈，它在向类别化发展过程中，就有着一定的困难，可供扩展的空间就不是很充裕。例如卤肉饭单品的类别化扩充就有一定的难度，川渝地区衍生出了川味卤肉饭，算是类别化扩充相对成功的案例。其他的只是在味型上作适当的微调，并不能算作是类别化扩充。而双拼饭这类形式，也是在满足消费者口味多样性的需求。

类似于卤肉饭这类产品现象，我们将其统称为原生口味固着。形成这类现象的原因在于，属地特产效应和强势文化约束两个维度共同作用下导致的结果。从餐品在属地的发展路径视角分析，它是经过较为久远的改良过程呈现出现在的结果，并且在当地没有产生新的类型化分化，说明了其演进的结果已经趋近于最终成熟的状态，所以便没有了再继续类型化演进扩充的动力。对于商家来说，选择此类产品作为餐饮素材后，一定要发挥出原产地文化优势，作为表现产品正宗性的核心元素，简单的方法就是在餐品命名时前缀加上属地。同时要在口味上做细微但能一口尝出的变化，以此扩充单类产品的细分单品数量。

单品类别化发展的可行性和必要性问题，前者在产品研发环节就可以做出可行性相关的技术生产判断，而后者则需要根据所处类别的实际情况，进行社会实验后才能依照事实结果做出相应判断。单品类别化发展的扩充路径一般有两条可以选择，一条是在味感上做味型上的扩充，例如台湾卤肉饭的原生口味，扩充至川味卤肉饭，增加了辣的元素改变了原有的味型。另一条则是在技法上做出变化，从而改变食物的呈品形式，例如将原有拌的凉皮改成干炒的凉皮，就是通过新的烹饪技法而改变了成餐形式，进而改变了原有的食物风味。

## 粉面类快餐阶段性发展与需求趋同

面条和米粉类餐食地域之间的类别差异较为明显，有着较为显性的味感和呈品的特色。这种差异与米饭类快餐不同，虽然菜品口味有区域差异，但是因其类别形态本身看起来有着较高的相似度，所以米饭类快餐能够被类别化整体认知，类别名称都可以统称为快餐。相比之下，面条和米粉类别却只能定类细分后，才能被消费者逐一类别化认识。反映到实际商业发展现象时，不同类别的粉面是分批次阶段性向全国化发展普及的，有着较为显性的时间节点。

面条类别的全国化普及过程的顺序大致可以分为以下几个阶段，最早开始跨区域发展的面条类餐食是兰州拉面和山西刀削面。接下来有显性时间节点的是陕西面条类，以及连锁品牌青睐的日式拉面。然后就进入了面条类纷繁发展的阶段了，像是河南烩面、山西手擀面、北京炸酱面、重庆小面、安徽（石家庄）板面、武汉热干面、华东面条类、广东面条类、意大利面等。紧接着就是特色化发展阶段，像是拌面、茄汁面、捞面等新的面的类型，或独立类别化发展或被创新出来。还有像襄阳牛肉面这样更小区域的特色面食，随着区域间人的流动和网络信息的传播便利，逐渐走向更大的市场。

阶段性扩张发展的底层基础，反映出的是市场环境与需求的路径演变规律。面条类别 3 个发展阶段基本上可以总结出 3 条基础规律。第一条规律是先手普及。面条文化强势区域的面条类餐品，率先向非面条文化强势区域进行面条类别的覆盖填充，以实现行为习惯的建立和认知上的认同，实现了先手占位的市场目的。在这个阶段，先手的重要性大于文化的厚实程度，哪一个类别覆盖率高，就会为下一个阶段赢得市场空间和话语权。

第二条规律是类型分化。随着城市化率的进一步提升以及商业化程度的不断提高，餐饮类别的市场规模大幅度提升，也就是说在增量市场阶段，人们对面条类产品需求扩大，给予了各区域不同类型的面条类产品发展扩张的机遇，使得面条类别进入多类型分化发展时期。群体消费者接触到了更多种类的面条类产品，在面条类别内催生出了多样性需求的动因，同样是吃面条，如今的选择种类与 30 年前是完全不同的。类别分化实现了类别内多样化需求的满足，增加了选购的概率，同时提升了类别统计下的消费频率，是类别规模扩张的核心驱动。

第三条规律是特色创新。这一时期市场环境已经发生了非常大的转变，由纯粹的增量市场向存量市场为主增量市场为辅的结构转变。市场环境决定了竞争环境，在这一阶段后来者想要获取市场份额的话，成本投入大幅提升、市场收益效率大幅降低，各个维度都要比上一个市场阶段困难得多。从业者们便会从不同维度着手进行特色创新，其顺序一般会遵循从形式到内容、从简单到复杂的规律。那么最后落脚点之一就是产品创新维度，毕竟对于消费者来说，产品差异才是核心差异。

先手普及、类型分化、特色创新这一面条类快餐发展的路径规律，同样适用于其他餐饮类别，作为其发展路径判断的客观规律依据。这条路径规律不仅是商业竞争所衍生出来的，同样也符合群体消费者的需求路径要求，是市场发展阶段和商业竞争维度与消费着需求分化共同作用的结果。

再往下深入论述，面条和米粉在市场普及过程中，也存在着较大的差异。从地域物产角度来讲，面条类的产品基本是全国性覆盖的，虽然区域间有着面条类型之间的差别，以及食用频率的不同，但是这些影响几乎可以忽略不计。米粉则不同，因其制作成米条的工艺与面粉制作成面条的工艺流程和原料的差别，米粉类的餐品多发源于偏南方区域。

米粉类全国化普及的过程同样经历了 3 个阶段，第一阶段全国化普及的米粉类产品是以云南过桥米线和桂林米粉为主，一般情况下云南过桥米线是独立店面经营，而桂林米粉则多与煲仔饭类组成了混合餐品经营。第二阶段是重庆酸辣粉这类偏向小吃的粉类，粉类在全国化扩张过程中，一开始建立的供需关系是多样的。约在 2014 年后，米粉类别第三阶段全国化扩张开始，其特点是米粉类别增多，区域特色强劲且能够进行全国化普及，柳州螺蛳粉、湖南米粉，南昌拌粉、新疆炒粉等，开启了米粉类别市场规模大跃升时代。目前第三阶段处于中后期进程，市场仍有持续可以覆盖的空间。与此同时，像是南宁老友粉类型的特色更强的米粉类产品，仍有可能通过产品特色进入市场，从而获得占据一定市场份额的机会。

2014 年后，粉和面合计统计类别规模迅速接近米饭类快餐规模，其中最为核心的驱动因素就是米粉类别的全国化扩张，原有北方区域的空白市场被填补后，实现了从无到有的空白市场覆盖。极具味型特色的螺蛳粉，由柳州区域饮食迅速向全国普及，开拓了巨大的市场增量空间，类似这样的类别规模增量驱动是巨大的长尾效应，其中每一个新增客群背后，都蕴藏着后续随着习惯的建立，进而在建立行为习惯后提升频率，从而实现类别规模的持续提升趋势。

一定程度上来讲，2014 年可以算作米粉类别发展的元年，而从 2015 年年初至 2019 年年末，这 5 年时间基本确立了现在米粉类别的发展格局。笔者在 2014 年做米粉类别研究时，全北京的螺蛳粉门店凑不足第三方平台两页的展示数量，上海市场的螺蛳粉门店数量与北京几乎一样，并且当时商场与消费者对此类味道极大的米粉类接受程度非常低，螺蛳粉开不进去，消费者嗅觉接受不了。寥寥几家门店都是当时食客们的心头好和宝藏店铺，食客之间也会因彼此兴趣相投而好感大增，虽不相识但因同好而相近。这就是当时螺蛳粉类的状况，但是在随后 5 年时间里，不同类别的米粉产品集体爆发，进而实现了类别规模的集中突围。

米粉类别之所以能够在短时间内在全国范围内普及，就说明其对消费者需求的满足是充分的。但是为什么会集中于短时间内爆发，这就涉及了一个基础观念的问题。米粉类食品在全国化普及中，尤其是在北方区域，长期以来都面临着一个问题：感觉吃不饱，也就是主食化需求满足不充分的问题，更深层的需求问题则反映在了米粉类产品确实不是很抗饿。北方区域的米粉店、米线店早期的人群特点，是以女性为主体消费人群，在定性走访和定量数据求证中都反映出这一现象。

桂林米粉门店早期在北方区域化扩张的时候，多数都是和煲仔饭类或面条类产品放在一起经营，组成一个粉面饭一体的门店，以实现客群的最大化，弥补米粉不抗饿的问题。重庆酸辣粉最初向全国普及时就是以小吃的形态出现的，当时的餐具用的是低矮的小纸碗，基本上四五口就会吃完。随后产品形态慢慢开始由小吃向主食过度，从小纸碗到中号纸碗，粉的分量提升的同时搭配饼类以实现主食化需求的满足。大约在 2015 年之后，酸辣粉的盛放容器就基本与盛放面条的容器容量一致，再配上各类饼类干粮和小吃小菜作为补充，基本上实现了酸辣粉主食化的转变。其他类型的类粉餐品，在原发之初就是大分量再配饼类食物，供需关系直接建立在主食需求上。

笔者在 2014 年去南宁、柳州、桂林实地走访过程中发现，粉在当地既可当作三餐主食，也可以算作是下午茶或是宵夜。印象最深的就是在柳州，当时螺蛳粉还没有普及，下午三四点钟粉店里也还有很多人，跟顾客聊天发现几乎都是本地人，笔者特地问那些吃粉的人，还会不会再吃晚饭，多数人表示晚饭还是要吃的，这个就是解解馋，很快就会消化掉的。

随着中国经济不断向好发展，民众的温饱问题基本解决，尤其在城市化后，一部分人的劳动由原有的重体力劳动，转变为轻体力或脑力劳动。多数时候，人们实际的消耗量已经远小于摄入量，吃饱已经不再是一部分消费群体的核心需求了，反而减肥相关的话题成了主流共识。在此类原因干预之下，人们长时间积蓄起来的对吃的观念发生了变化，慢慢形成了向减少饮食量是有益处的全民化的意识形态的转变，并在 2014 年左右这个时间节点爆发出来了。

需要吃少是对这一意识形态的简单化称谓，内里包含了一系列综合维度的认知转变，像是必须少吃一些，需要科学饮食；吃多了容易胖，容易引发一系列身体问题；需要健身，一定要运动起来等观念，都是对吃的意识形态转变的结果。沙拉、轻食、粗粮类烘焙等相关类型的餐饮门店和产品类型，几乎都是在这个时间节点大量开店，被群体消费者认同追捧。

然而，很快大家就会发现，这类生意难以长久，难以持续增长。在吃食上面表现出间歇性做出符合意识形态的决策，长期性按照口味喜好做行为选择。意识与身体本能和生活实际在短时间内产生了较大的冲突，一段时间内产生了过犹不及的结果。意识与实践行为之间，还是有一段很长的距离的。

如果不是大是大非的对错或法规问题，意识最先改变的并不是人们的行为，而是人们判断一件事情的标准，当评判标准改变后，人们的行为会逐步贴近意识所要求的那样。而不是人们所想象的那样，通过意识的改变，就能够直接使人们的行为发生改变，从而达成行为和认知上的完全一致。

关于吃的新的意识建立后，对人们最大的影响就是评判标准的改变。原来大吃大喝并没有那些负面的评价，人们还常说吃亏是福，而意识转变导致人们对摄入食物的量有了新的判断标准后，哪怕行为不能完全照做，但是个人心理上也会因为肆意放纵而产生愧疚感。同时，周围人对彼此的评价标准，以及对吃的语境观念，同样会以改变后的新的意识形态的结果作为标准。但是，行为向观念趋同的过程，以及趋同的群体数量并不会一蹴而就，而是需要经由漫长的过程去转变。现实中，人们基于新意识标准的偶尔要求，无法满足一下子兴起的那么多基于新意识标准衍生出的商业类型，行为的低频率、实践群体小范畴高分散，是无法支持此类生意长久存续的。

而这一转变，对米粉类别在全国范围的大普及，做了重要的铺垫。使得北方区域人群，在饮食选择上、标准上发生了重要的改变，与南方区域群体达成了相似的共识，从而形成了一部分饮食观念的全国性共识。对于一个商业类别的发展来说，全国普及和区域发展完全不是一个概念，人群基数上差的就是倍数级别的了。

短时间内吃米粉的人群数量激增，相关话题的讨论也在扩大，行为习惯就是在此时同步建立的。需求增加那么市场规模就会随之扩大，进入的商家也就会更多，类别发展的速度进而就会提升。这就是起势的过程，与普通的类别发展过程有两点较大的差别，一是类别规模的迅速跃升。二是趋近于全民化的参与规模，不同消费群体饱含着各种各样不同的需求动因，使其最终导向尝一尝、聊一聊的行为结果，最后再基于行为适应的比例，形成一部分人的行为习惯，产生第一次类别势能冲击之后的基础类别规模。后续随着需求增量的瓶颈来临，又由于商家进入的数量与需求增量瓶颈之间有一定的滞后，导致当需求增量达到阶段性瓶颈不再增长后，新进入的商家还在不断涌入，导致供需由卖方市场向买方市场转换。这样商家与商家之间的竞争便会展开，良性竞争的商业市场就会基于想要高效获得商业机会，从而对类别做出相应的调整变化，以谋求基于解决方案的全方位创新升级，同时获取同业竞争上的比较优势。

当类别发展至这一阶段后，大概率会出现降价也就是类别价格带范畴整体下调的情况，在价格竞争的同时会导致商家利润不断下降，直至挤出因需求高涨而形成溢价部分的价格。如果同业竞争压力还在继续增长，那么在价格维度上的竞争就一定会持续下去，最终会形成商家持续降价而消费者不一定得利的局面。因为在这个过程中，当商家利润不足以维持现有产品品质后，降低供应品质从而维持利润的需求会促使商家做出这样的决策。这样看似对消费者有利，消费者自身也会感觉到占了便宜，但是实际付出的购买成本和得到的产品性价比上是差不多的。对于这一事实的感受，消费者会在一段时间后有所反应，尤其是在对比过程中，发现了价格贵一点而品质更好的产品解决方案后，部分消费者的决策会做出改变。在商家与消费者对价格的长时间反复拉扯过程中，才能最终形成这个类别的主流价格带区间，而一旦主流价格被商家和群体消费者认可后，慢慢就会产生以主流价格带为基础的，更高或更便宜的次级价格带范畴，由此来满足群体消费者对应到各自不同购买力和不同要求下的阶层化需求里去。那么，为什么价格竞争在商业市场的竞争手段中，是最好用的呢？因为最为直观和切实，所以在常用消费品类别里，低价是好用的营销方法之一。

通过对米粉类别扩张路径进行分析，我们能够清楚地了解，一个区域性的餐饮元素在全国范围内，是如何阶段性地扩张出去并逐渐普及的。同时说明了在类别不同扩张阶段时，类别内部会出现何种情况的变化，而这其中两个主要维度就是产品类型的变化和产品价格的变化。随着供需两端的逐渐平衡，类别主流价格带逐渐清晰并趋于稳定，需要注意的是在不同区域，类别主流价格带的范畴会有差异。由于类别内部竞争的激烈化，刨除掉价格竞争的维度，产品定类创新现象开始踊跃发生，产品维度开始进入类型化演变过程，对基础需求的满足开始丰富多样，并且形成一系列新的形式刺激。形式刺激一部分来自对主产品的形式创新，而另一部分则是源自餐品的组合搭配，其中一方面是对附加餐品的形式创新，另一方面则是提升了组合搭配的丰富程度。

笔者通过对米粉类别发展过程的结构进行论述，以让从业者从宏观动态的类别发展过程里，清楚地了解到如何在类别的不同发展阶段，做出相对最优的经营决策。也就是说基于类别客观发展事实，经营者需要在什么时候该做什么样的动作，需要因势利导，而不是固守己见。例如，有些经营者开了个粉店，在米粉发展初期价格就定得很便宜，那么随着大量的消费群体的涌入，店的接待量和翻台率很快达到饱和状态。看似生意火爆，其实在这个过程里经营者赚钱是少的。也就是说在这一时期，采用和同行基本一致的价格区间，也能有相同的人流量。因为在类别开始发展初期，区域内是需求大于供给。所以定价便宜在门店大小承载量有限的前提下，实际收入是减少的，而与同行类似的定价消费者并不会有任何意见。

那么随着同类别内部供给的加大，以及人群数量增长的瓶颈，类别内部竞争开始加剧，这个时候才需要降价促销，降价过程往往伴随着击穿底价无利润可图的窘境，而在价格从上至底的波动中，可以挤出部分过度供给的门店，逐渐会使得类别主流价格回归至一个较为均衡的范畴内。与此同时，通过产品的形式创新和定类细分，将会对现有解决方案做部分优化创新，通过产品上的差异以实现需求上的增量。等到类别主流价格带确定之后，店内一部分高价值的产品组合，就可以作为提升客单价和更好满足客户需求的解决方案，那么为应对激烈的竞争，低单价的产品则会有一部分吸引客流的作用。对于在主流价格带区间范畴内的门店，把住中间，掐好两端，是较为重要的定价战略思想。在阶层化需求这一需求的底层规律指引下，主流价格带两端可以继续在同类门店不同价格档位的品牌门店释放出来，也就是高端或者低端都会有机会。我们可以通过定类规模示意图，就可以直观地感受到一个类别在不同价格区间的规模（见图1-3）。

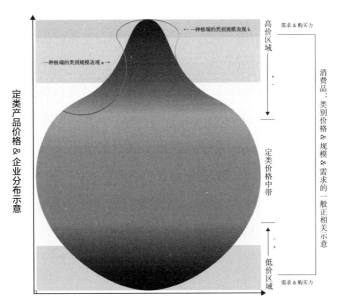

**图1-3　定类类别规模示意图**

宏观判断在类别发展过程中对时机的把握，是能够起到决定性作用的。无论是对于一个餐饮企业，还是一个餐饮小店来说，只有在判断对了宏观趋势，才能对微观局势有更好的把握能力，从而避免闷头做的窘境。一般在对商业路径分析判断时，尤其是在对发展节点和路径选择以及发展速度综合分析时，局中人很难有把握宏观局势的意识。我们在这里所做的论述，是以关键节点为依据做路径的分析，以使读者能够更好地去掌握对类别发展的宏观节点判断。

回归到人们对粉类的意识改变后，对于米类别的行为到底有哪些影响，从而实现了类别全国化普及，基本上可以说是，以前大部分的缺点变成了现在选择的优点。原来吃不饱、不抗饿，现在人们习惯了这种食物之后也不感觉吃不饱了，不抗饿则变成了好消化，而且感觉上热量还低，不容易引起肥胖。同时，味型在具备独特刺激的前提下，门槛适应性又没有那么高，容易形成全民化普及。而且，在口感上给人们则带来了不同的触觉体验，并且是正向积极的方面。

实现意识转变的原因，并非是意识的突然转弯，而是要有现实世界的劳动力性质的转变做基础。劳动力的劳动结构的转变，一部分人不再从事重体力劳动，脑力劳动和坐在办公成为一部分城市群体的工作常态，这样才使劳动力对于能够长效维持体力的食物的需求动力减弱。这只是人们意识转换的基础，但是多数情况下只有基础，还不足以支撑掀起全民化普及的市场浪潮，另一个维度的动力驱动源于：能够左右话语权的人群类型属于哪一个阵营。那么很显然，轻体力劳动群体对社会舆论的引导作用，远远大于重体力劳动群体，所以评判粉类别的主流标准，自然就会以轻体力劳动群体对食物判断的标准为依据。

也就是说：谁主导了话语权，谁就拥有了建立评判事物标准的权力。这不仅是一个营销科学的事实，同时也是社会事实。人们常常以为话语权是由人群数量的多少决定的，然而事实上这并不准确，群体数量是其中一个因素，但是不是决定性因素。话语权更看重的是话语的声量和影响力，公众人物一句话的声量和影响力，要远超普通群众。而更重要的客观事实是，发声的只是一部分群体，更多是不发声群体，或是说他们的声量不够强。

米粉类别的短时间普及，正是由于吃的观念的改变，主导话语权的群体构建了新的关于吃的评判观念标准。其核心就是将原有的不抗饿，转变成了热量低好消化，身体负担轻的感受认识。加之人们对身材方面和身体健康上的要求，从减肥到降三高等一系列因素辅助，方方面面的改变，共同促成了这一次米粉类别大的变革发展。

这一轮米粉类别市场份额的扩张，其中一项主要的改变是突破了人群类型的限制，原有以女性群体为类别主力消费人群，转变为了全人群的客群类型。从单一类型群体到全向客群，这一扩张带来的是市场规模的倍数增长。米粉类别之所以能够扩张得如此迅速，正是由于全民参与后，群体间相互影响作用下的效率提升，使得每一个被影响的人付诸行为的比例在提升。基于行为的普及，进而实现了购买频率的提升。

粉面类快餐满足消费者的 3 类主体需求，味感更加复合、风味更加融合、食用更加便利。相比于饭菜融合类的米饭类快餐，我们对粉面类快餐对需求的满足都附加上了更多的形容词描述，因为前者是后期融在一起，而粉面类快餐则是在烹饪过程中就合为一体了，所以味感和风味上整体性会更佳，吃上的感受会觉得更加复合一些。无论是汤煮，还是干拌或者湿拌、凉拌或者热拌、干炒或者湿炒，风味上的感受无论有多大的差异，但是其味感的一体性和入味程度的感受几乎一致。同时，在食用过程中的感受也会更加快速和便利。

论述完米粉和面条的普及路径差异，以及共性需求之后，接下来就需要对两者需求满足的差异点进行分析。虽然它们的形态非常相似，并且食用做法几乎可以通用，粉换成面、面换成粉几乎不会产生影响。一般在粉面店里，米粉和面条甚至河粉都是可以相互替换的。但是它们之间仍然存在差异性，这种差异核心体现在口感上的不同。虽然它们底层追求的基础是一致的，都是对韧性的表现，但是它们之间的感受反馈是完全不同的，面条对韧性的表现是劲道，米粉对韧性的表现是滑弹。这是两者之间根本差别所在，虽然细微，但是消费者对其的感受反馈却是直观确切的。对于商家来说，在此维度下功夫，是不会白费的。

粉面类的定类分化，必然会衍生出基于不同工艺、不同类别、不同食材等维度，而衍生出特色化的专门店，以一个维度为主打，将其作为门店强势的招牌产品类型。汤煮分化出干拌、湿拌、凉拌、热拌、干炒、湿炒。以地域为主体的类型分化，面类从山西到陕西再到兰州和新疆等，粉类从广西到云南再到贵州等。食材上能分化出牛肉、黄鱼、肉酱、大排、腰花等。乃至粉面自身的性状粗细和形式不同，都会直接影响吃的时候的风味感受。

粉面类别几乎每一个定类细分的维度，都有机会做专业化解决方案的尝试。当食物本身不再匮乏，人们需要的是在风味上找到更好的解决方案。

一个餐饮门店的大火，主体因素可能不会是餐品风味，但是一个餐饮品牌能否长期经营，其决定性因素必然是餐品风味。

## 包饺饼馅儿类快餐需求差异与场景化延伸

包馅儿类产品共性需求一定是复合多样的需求满足，也就是一口下去皮儿和馅儿各有滋味，咀嚼后皮儿和馅儿综合后，又能获得一种复合的风味刺激。

造成独特口味和独立类别分化的核心有两点，分别是性状和技法。性状指的是皮子的物理状态，面发与不发，用什么类型的面粉发，是否需要起酥，在原材料上的选择和处理上，有着非常不同的差异。正是这种差异，造就了包馅儿类餐品在类别上的分化。基于性状上的物理特质，又发展出了不同的成餐形式，产生了大小样式上的差别。

烹饪技法上有蒸、煮、煎、炸、烙、烤等，技法与性状之间不同的交叉组合，定型了包馅儿类产品最终的风味。笔者并非专业厨师，所以对这一部分的论证，是要得出有助于营销分析的观点，而非厨艺方面的结论。

上面的分析更重要的是，综合后定型了其在商业化过程中的复杂程度，也就是涉及了经营效率的问题。任何一个快餐类别，回归到其商业化的起始点，终会发现其共性，就是：商业化的难易程度问题，也就是运营效率的问题。

为什么小笼包在很早就几乎已经实现全国化普及了，而饺子的全国性快餐化进程却到 2010 年左右才开始？无论在南方或北方，为什么小笼包在早餐店里的售卖数量要远远超过蒸饺？为什么可以煮馄饨却少有煮饺子的早餐门店？这里面无一不和运营效率相关。

如何在产品上以及信息上，强化这些可被消费者认知的需求维度，同样也是商家需要进行慎重考虑的维度。上述论证的维度，都是消费者可认知、有感受、有需求的维度。因为营销信息，不能脱离物本身。脱离的结果一方面是失真，另一方面是无效。

包馅儿类产品具有较强的场景分化特点，以及一定的节日习俗需求存在。优势场景是其生意的基本盘，新场景的开辟有较高的风险。因为消费行为很难一下子改变，所以人群基数能够承载的类别规模是较为有限的，同时也要应对在尝鲜期过了之后，消费者长期有效留存的问题。简单来说就是要预估好类别需求规模。以包子为例，一两个品牌还能够赢利，但是如果大量商家因此而贸然进入，极有可能短时间内就会倒闭。这也是近一两年餐饮类别关闭店率居高不下的原因之一。同时还要考虑消费者能否形成相对固定的行为频率，尝鲜期内形成行为驱动，以及非营业覆盖半径内的群体不断汇聚，产生的好生意现象，在过了尝鲜期后行为频率是否能够保持，并且群体数量会不会骤然下降，同时还要面临同类竞争的影响。

包子是以早餐为主要场景，后来逐渐延伸至部分午餐场景，包子在午餐的选择范畴里，仍然是一个小众需求。2022 年包点类的市场份额为 627 亿元，同比增幅为 4.5%，2021 年市场份额为 600 亿元。相比于主力以午餐为发力点的快餐类别，其在午餐场景的尝试仍然处于探索阶段。

馄饨早期的消费场景也多发生在早餐场景，当然这与不同地域的饮食习俗有所不同。但是其在午餐和晚餐时段的渗透率，要略优于包子类别。

饺子从原有的正餐类别，向快餐化模式转型，是从 2010 年左右才开始的，直到 2015 年左右才真正进入发展快车道，类别内部的模式转型有了确切的市场反馈。通过门店的布点，做行为选择上的提示，将原有特殊节日的习俗，转变为日常的快餐选择，是类别消费频次增加、食用时段随机、食用场景多元的核心因素。食物原有被赋予的特殊意义，恰恰限制了其在快餐化或者叫作日常化消费行为中的频率。快餐化后其午餐为主、晚餐为辅的消费场景，与其他快餐类别行为频率一致。

　　笔者以类别现存共有的问题为切入点进行分析，因为对问题的改进就意味着新的商业机遇的出现。包馅儿类产品的核心在于内馅的呈现，我们在相关类别的走访中却发现了一个普遍的现象，在纯素馅儿里表现相对还好，但是到了肉馅儿和海鲜馅儿的时候，问题就变得尤为突出。当肉搅成肉糜后，改变了原有的口感，肉的口感失去了一大半，连带着影响到转化出来的风味也变了。

　　原本需求的是百馅百味，最后变为百馅一味。没有了纤维本身的质感，不同馅料在风味上的差别就很难形成差别。尤其是当调料味过重时，盖过了原本材料的风味后，不同馅料之间的风味差别就会更小。

　　当时在同类项目市场走访过程中，由于是观察验证，有代表性的品牌门店我们就会多点一些饺子种类，但是当几盘饺子端上桌后，我们都很难尝出这到底是什么馅儿的饺子，除了口味辨别度极高以及保留食材本身口感的产品，其他大部分人们也就糊里糊涂地吃了。由于食材原本的口感大部分丧失，加之调料味儿趋同，导致了不同馅料饺子口味上的雷同性。对于消费者来说，点了多种馅料的餐品，最后实际体验并没有与份数匹配的口味数，容易吃腻，从而影响二次到店复购的频率。

　　肉糜和肉块在口感上是有本质的差别，肉糜有其独特的风味，但是这替代不了人们对肉块的风味需求。所以，一部分包馅儿类产品是需要回归剁馅儿的工艺的，无论肉菜还是蔬菜或是海鲜水产。一旦回归，那么食材本身风味的保留，就可以减少调味料的用量，那么其在风味上与肉糜类产品的区分度，将会是非常显著的。

手工剁馅和手工现包，是同等量级的需求，乃至于前者创造的市场空间和产品感知会更大。

包馅儿类产品的品牌集中度较低，区域性特色较为明显，一方面是区域口味差异限制，另一方面是需求基数不足。

类别内机遇最大的生意方向，仍然是捕捉高频消费场景，做品牌化汇集的门店，在抓住主要消费场景的关键流量上，有较为明显的效率优势，同时经营成本相对较低。也就是在非主力时间，基本可以通过同类相关需求的附加产品，做到生意上基本保本。忙时赚钱，闲时保本，用较小的成本投入获得相对高的生意效率。基于品牌做质量保障，确保 QSC 的坚决执行，就能在一众竞争者里脱颖而出，类似于米饭类快餐在 20 年前做的动作。再通过产品风味和形式创新上的升级，较为容易捕捉特定场景下的刚性需求。此类较为适合包馅儿蒸点类产品的发展，同时也较为适合做跨区域乃至全国化连锁的发展。

以饺子、馄饨、肉饼等为主力，在近 10 年内所做的快餐化发展动作，是包馅儿类生意的第二种模式。馄饨和肉饼几乎可以覆盖三餐，饺子的主力场景是在午餐和晚餐。他们面临的共同问题是行为的选择概率较低，如何通过强提示把该类别作为选项之一，是需要解决的主力问题，只有进入消费者的众多选项之中，行为付出的概率才能增加。

餐品本身的特色性，是可以作为单店引流的主力动作。因为其可以有较好的长尾效应，从尝鲜、喜欢或适应、复购行为，最后到行为频率固着，这个我们在异国餐饮类别里有具体分析。

包馅儿类产品自身具有较高的特殊性，是可以以其为特色衍生出正餐类门店业态的。店内复合进去的产品也会更加丰富多元，对于烹饪工艺的要求也更加多样。

总体来看，包馅儿类产品以核心场景为发展基础，做好快餐类别需求的行为提示，仍然有较高的上升空间。尤其是其还有零售和团餐供应维度做补充，发展起来后有较为广阔的横向拓展空间。

## 粥类快餐的全时段适应性与黏合剂效应

粥类在中国饮食文化里，有着天然的增值价值，兼具营养性、食补性、功能性3个维度的增值认知。几乎在各个区域把不同主粮做成粥后，就像是赋予了食物魔法，使其瞬间具备了一些干粮类产品不具备的增值价值。粥类自身性状的温和性，使其更加具备增益感受。对粥的增值部分价值的表达，将会成为各个品牌传递产品信息时的主要维度之一。

粥类的场景扩充在人们对饮食观念发生转变后，顺利进入午餐场景，其易消化的认知感受，成为人们午餐补碳水的选择之一。同时，在部分区域的夜宵场景，粥品也占有一席之地，也就是说粥类可以全场景、全时段覆盖，能够满足人们不同时段下的饮食需求。

尤其是当外卖渠道解决了渠道便利性的难题之后，粥类别的渗透率逐年提高。粥类别是外卖渠道的受益者之一，没有外卖渠道的扩张，就没有粥类别现今的规模，外卖渠道对需求便利性的极大满足，是需求向行为兑现的主要渠道。同时，粥类产品在做好保温的前提下，能够较好适应长时配送。并且其出餐速度极快，操作又有着较高的便利性，几乎全方位适配外卖渠道。

粥的品牌分化也较为明晰，可以分为：外卖类粥品牌和非外卖粥品牌。前者主要依托于外卖渠道，实现了门店拓展和销售兑现。后者几乎都是前外卖时代的产物，此前主要依托于线下门店堂食的生意。

基于分析来看，粥类别连锁化的高效率兑现路径有三类，第一类是以外卖为主的粥店；第二类是满足三餐基础需求的社区粥店；第三类是以粥为特色主打产品的正餐餐馆。三类模型从轻到重，外卖占比由高到低。全国性连锁第一类更容易达成，核心竞争力是在餐饮供应链以及餐饮管理维度，几乎能够达成全标准化出餐的要求。第三类则很难实现加盟连锁，哪怕是直营连锁，一旦门店分散之后，特色性必然减弱，基本很难走出本省或本市，基本没有标准化要求。第二类则基于两者之间，产品种类多于第一类少于第三类，作为社区周边的基础保障型的餐饮粥铺存续，与周边消费群体建立一种长期的供需关系，连锁的可操作性要优于第三类。餐品标准化程度，可以达到半门店自主决定，半标准化的程度。

对于连锁化粥品牌来说，通过降低标准化来提升产品特色性认知，是粥类产品升级的核心方向之一。例如，在特色粥品里可以付费加料，在提升专业感受和特色性的同时，可以提升客单价。皮蛋瘦肉粥里加一份大虾和一份牛肉片，这是广式特色粥铺里较为普遍的做法。在不降低标准化和工厂化操作流程的前提下，提升了专业感和特色性以及客单价，同时还能更好地满足消费者的需求。

粥类别天生具有黏合剂效应，可以与各种包馅儿类蒸点形成较好的互补，从而弥补粥品不顶饿的弱势。粥附加部分的产品专业化，也是可以提升的维度，无论是从选品还是出品维度。

## 麻辣烫类复合的风味需求

笔者落笔之时，天水麻辣烫又成了麻辣烫类别下的当红之选。我们可以从天水麻辣烫的火爆，发现麻辣烫类别是通过什么与消费者建立基础供需关系的。

在中国幅员辽阔、气候物产区域间相差较大的前提条件下，食物的风味是基于当地物产和气候以及习俗而产生的。那么将食物的名称前面加入属地标注，对应到的则是特色性和正宗性。正因如此，相似类型的食物，在不同区域里产生了风味特色。这种风味上的特色，在信息发达的现在，是通过其属地化命名前缀，代表其属地特产效应，进而实现人们对其风味上的分类认知。

物产和气候共同作用下，形成了当地固有的风味特色，使其能够在形式和技法相似的前提下，达成风味上的差异性感受。作为麻辣烫家族内刚刚被全国人民熟悉的一员，天水麻辣烫的特色风味会在一段时间内，实现对麻辣烫类别的整体拉动。

天水麻辣烫在向外扩张时，与消费者之间能够达成类别特色化需求的满足，由于初期同类门店数量不会太多，不同区域内的尝鲜群体会满足营收需求，后续在门店增加和需求不断扩容下，就会形成类似上面说的米粉类的发展状况。

但是，它的波动要小一些，因为米粉是类别化需求的空白填补，而天水麻辣烫则是作为麻辣烫大类里特色风味的补充。麻辣烫早前已经实现了一轮品牌化扩张，几乎已经覆盖了多部分的市场。现阶段不会出现大的市场需求，只是作为增量空间机会给天水麻辣烫去发展，进而形成如米粉类别如此大的联动效应反馈。就算如此，天水麻辣烫也已经实现了类别化认知的建立，进而便可以达成细分类别的建立。

天水麻辣烫是明确以属地为前缀的麻辣烫细分类别，为麻辣烫类别实现进一步的属地化区分做出了一次成功的实验。地域性不仅产生了属地效应，表达出了较高的特色性和正宗性，同样也是对相似类别的产品的味型做出了明确提示。如何借由旅行群体，对在地美食实现全国性普及，成为文旅局的一个重要课题。

那么在类别内部竞争集中，对于味型的提示是有关于决策的重要环节。由于显性的口味区隔，能够提升消费者对麻辣烫类别的总体选择概率，进而扩大类别整体的规模。

对于本地餐饮企业来说，餐食的特色性将会形成地域美食特色认知，基于消费者对正宗性的需求，会对食品产生原发地需求，进而实现旅游客群的在地消费。通过旅游群体的体验结果，再向外部市场和其他群体普及，逐渐形成正向扩散。

此类水煮的食物，它们之间的烹煮方式其实差不多，差异的核心在于区域物产和区域风味产生的差异。所以，风味特色是其与消费者建立稳固供需关系的核心。因为味型、香气、形式的变化，会在人的味感记忆中形成独立的分区，所以风味的差别与特色才尤为关键。

人们在决策过程中，认知是行为的前提，有了认知就有了决策的可能性。

现阶段麻辣烫类别的两大基础味型已经稳定，也就是以北派为主的麻酱风味和以川派为主的麻辣味型，并形成了原味效应。

但是，由于排名靠前的麻辣烫连锁品牌忽略了对味型特色的显著信息化提示，这将为后进品牌留下快速扩张的机会，即为口味定类分化的商业机遇。例如，在东北近几年麻辣烫火爆的前提下，东北麻辣烫完全可以作为显性且独立的类别进行发展，再通过辅助信息强化东北麻辣烫的风味特色和原料特色，以此可以使得东北麻辣烫形成一个独立的类别。这是一个基于信息强调为主、风味配合为辅的联动操作。填补口味需求较为充足，类别信息强调却不充分，基于东北麻辣烫定类分化，使得消费者形成地域性、特色性、正宗性的认知。

风味分化将会是麻辣烫类别未来发展的主体机会，因为需求在风味，风味又可以实现类别独立发展。类别需求又是品牌需求的稳定性保障，所以麻辣烫大类里的定类分化，自然就会成为类别发展的主体机遇。

食用方式和呈品形式的改变，只会形成尝鲜刺激，并不足以支撑起大规模的发展。

食材创新维度，麻辣烫类别有较多的欠缺，需要向火锅和钵钵鸡类别充分学习，尤其是火锅类别，对食材创新是较为重视的。

第四节

# 营销分析与多维类别竞争

快餐类别自品牌连锁化发展后，一直是以标准化的思维路径去发展，无论是商业管理上，还是在产品研发出品上。而后者，产品极致标准化的路径，已经可以预见地看到了其在未来会断裂的结果。至少会有五成左右的品牌，会逐渐式微直至被消费者遗忘掉。

因为在现阶段，快餐类别在供应格局上已经发生了巨大的变化，不是再以类别作为强制的区隔，而是在选择维度更加分化之后，一部分会以产品类型作为区分。也就是产品是快餐的类型，就能够满足消费者快餐类别的需求。外卖渠道进一步打通了快餐、正餐、小吃之间的类别隔阂，快餐类别的参与者一下子就变得五花八门。尤其是正餐类别的加入，虽然不见得他们会抢到多少的市场份额，但是必然提高消费者对快餐产品的要求。

这就形成快餐需求升级趋势的核心因素，并且快餐需求升级这一趋势，已经悄然发生在群体消费者的普遍行为之中，约有 5 年以上的时间了。只不过并没有被人们有效认知到，所以在此期间快餐类别的调改速度没有跟上，并没有对这一变化做出有针对性的有效应对。

这个口子一旦扩大，就会在一定程度上引发原有快餐类别企业的产品危机。同时，当预制食品问题显性化出现后，对快餐品牌产品的信任危机，以及对预制食品的排斥性问题就会产生。而且顾客在口味上一对比，就很容易进行优劣的判断，工业化标准化不能替代现炒的锅气，这是食物因出品方式不同必然会产生的显性差异。毕竟标准化对标的只是食品风味的还原程度，追求的是工业效率对商业效率的提升。正因如此，连锁快餐品牌的连锁逻辑、产品逻辑、模型逻辑，将会有很大的创新调整的新空间。

这个调整的周期，正是新进企业的市场机遇。对于原有快餐企业来说，并不会短时间内让出市场空间，而是会在持久战中，逐渐失去原有的优势市场地位。同时在增量市场空间的获取上，效率低于新进企业，也就是说，虽然市场增量空间会使其在营收上有所增长，但是在新增市场中获取的占比低于新进企业。

那么在快餐需求升级的大前提下，率先获益的快餐企业类型是产品预制化占比较少，或是那些预制出品的餐品为当天配送或短保类产品，多数产品依赖于门店现做，并不影响产品最终出品的企业。那么从实际竞争中来看，区域型连锁快餐企业将会在与全国性快餐企业竞争时，有较为明显的比较优势。

快餐类别的定价代表了消费者的劳动力基础成本，就如同粮食成本决定了劳动力的最低成本一样。那么转换过来就是快餐的购买价格成本，决定了劳动力的最低成本。一个城市的工资收入分布，决定了快餐价格区间的分布，是一个有较强关联的正相关分布趋势。这就是快餐类别定价的前提基础，因其有着较强的价格包容度，并不是以人群的阶层属性区分为主要依据，所以价格空间得需要跟生活成本紧密挂钩。快餐弱阶层化区分，使人们更加注重餐品的自然价值部分。

这就是为什么高定价区间的快餐企业在 2023 年下半年之后，生意集体出现负面信号的核心原因。当人们的预期收入下滑后，率先降低的就是这一部分的消费预算，同类型低价格可替代的餐品解决方案还是很丰富的。同时这也是低价快餐的上升与高价快餐的下降，会同步发生的主要原因。

快餐类别的定价高低与类别规模示意图上的表述是一致的，定类价格中带区间的市场空间是占比最大的区域。类别内定价高低，决定了所在区域的市场规模的大小，高价区域的规模总量占比与类别总量之间的关系是相对固定的。对于高价区域内的总体现象描述为市场规模相对小、购买人群相对少、购买频率相对低。类别总体表现并不妨碍类别内个体品牌的表现较好，即为在高价区域的小规模市场里，实现了人群的汇集和较高的购买频率，或是因人群汇集效率较高，抵消了购买频率相对低的问题。一旦门店大幅度扩张，抵消了人群汇集效应后，购买频率相对较低的问题就会立即显现出来。

对于企业来说，购买价格的确定就决定了市场规模的空间和购买人群的基数，同时也会更精准地确定同类竞争范畴。定价是对群体范畴更精准的确定，毕竟在购买决策环节需求的前提是价格，如果不对应上购买力，需求就是一个梦想，而无法转换成交易行为。简单来说，定价就是定规模。快餐类别很难实现，既要单价贵，又要规模大，还要消费频率高。

渠道类型的选择就是对客群类型和消费习惯的选择，左右了企业的运营方式。对于快餐类别来说，渠道有 7 重价值：人群流量获取价值、品牌广告展示价值、空间体验价值、到店便利性价值、深度沟通价值、行为养成价值、区域点位占据价值。

流量获取可以分为拦截获取、主动获取、被动获取三种类型，三者之间进攻强度是完全不同的，对应的则是获客流量的多少的直接差别。拦截获取的话术和道具非常重要，因为在商场渠道人们的随机性选择占比较高，尤其是在快餐类消费场景中。如何在消费者做出选择之前，率先提供有效需求提示和选择依据，是拦截获取流量的关键。一人、二人、三到四人等不同规模的群体，时间季节不同，其需求的类型都会有所区别，如何通过运用话术做产品优势的宣导等维度，实现对需求的有效刺激？主动获取是在消费者经由门店，缓步或停步时就代表了已经有一定的选择倾向，此时的获客话术和道具呈现就又会有所不同。

而对于社区门店和临街门店来说，人流量相对弱势，所以二次转化就变得更为重要，需要在二次到店消费的获客环节，进行有效的重投入。

基础运营维度的有效性衡量标准，并不能期许在短时间内有较大幅度的提升，而是要看重长时间内团队习惯的养成以及长效价值的积累，这对综合效率的提升是非常可观的。

广告展示价值的最终收益率，主要取决于形式刺激和信息流程的有效展现位置。外部信息的形式刺激要够高，要注重对人流视线的捕捉和顺应，通过在视觉动线和行为动线的信息设置，去主动迎合群体消费者的视觉焦点。

当客人进店之后，空间内向消费者传递出的综合信息以及具体呈现出来的信息类型，都需要进行有效的设置。从空间的装修到墙面装饰信息，再到菜单界面的信息设计和呈现等维度，无一不在向消费者做信息的传递。例如，如何通过图片里的内容，向消费者传递出较高的食欲和可口的信息，从而达成购买的引导，就是需要考虑的问题。

回顾营销科学原理对营销的定义：**营销就是基于物自身，重构出一个新的信息的物，使其符合人接受信息的认识规律，从而达成信息传达、认知建立、产品销售的目的。**对于实体的物，都需要经由信息的重构，才能被人所认知，并且受信息设备的发展，信息的物的价值和频率，已经远远高于人们与实体的物的接触频率了。也就是说信息的物成为对象主体，尤其是进入网络时代和电商时代后，信息的物的主体性被进一步提升，这就使得信息的物的功能进一步被放大。所有实体的物，都被以信息的物所重构，并且人们在理解事物的时候，都是以信息的形式去认知，信息的物的理解不再需要进行转化，而是直接理解，这个过程的效率的提升是巨大的。实体的物的权重在下降，信息的物的权重在突起。万物信息化的趋势不会有方向性的变革，营销科学对于物的信息化重构的意义，将最终决定商品的购买效率。

产品、价格、渠道这三个维度，就是生意的三个原始基础维度，也是市场得以建立的基础。任何生意的问题，首先就需要从这三个维度入手。虽然现在市场环境以及信息环境发生了巨大转变，人不再只通过实体的物的接触，去进行购买决策，而更多所依赖的是信息的物，但是其内在的竞争逻辑是不变的。

原本的实体的物的市场竞争维度，已经转变为信息的物的市场竞争维度，所以，商业进入营销时代，因为营销就是对应信息的物而产生的学科。

线下门店运营与电商运营内核是一致的，门店就像是货架电商，可以通过积累实现线性增长，也可以实现跳跃式增长，无论曲线如何，都是有一定的自主生存空间的。不像是入口型电商（兴趣电商），其背后就是控制电商的逻辑，流量的购买是无法停止的，流量购买的 ROI 是可以被精准控制的，其积累效率也没有货架电商高。

快餐类别满足的是刚性需求，那么如何在刚需类别里基于产品特点建立稳定的供需关系，从而强化自身在产品上的优势特色，是对快餐类企业提出的共同要求。只有基础需求加特色需求的建立，才能达成稳定长效的消费链接。竞争形式的复杂，并不影响竞争本质的纯粹。如果不能剔除干扰因素后再进行分析，那么就会混乱。

借助外卖渠道的崛起，正餐快餐化的趋势正在侵蚀快餐品牌。正餐类别主力餐饮需求的下降，使得相关企业会在其他餐饮消费场景下更多的功夫。通过外卖渠道打破门店渠道的进店限制，基于小份菜餐品类型化的扩张，以及对多人商务套餐的小团餐业务的纳入，实现了业务范畴的有效扩充。

外卖渠道让正餐快餐化这一趋势，在二线及以下线级的城市区域，表现得更为突出。快餐类别的下沉是在吃品牌的红利，长效供需关系的建立还需要以产品为基础。

同时，以正餐形式做快餐业务的现做现炒类的正餐业态，全方位介入快餐类别进行跨类别竞争发展，原有的多种餐饮类别，都在介入对快餐类别需求的满足。快餐类别也已经进入了类似于网购的入口时代，进而将会形成新的类别竞争格局。

# 第二章

# 小吃类别营销分析

第一节

# 业态整合与类型特色化缺失

按照现有行业统计习惯，会将小吃和快餐合起来看作是一个行业类别，进行相应的数据统计。但就其商业形态上来看，两者的区隔却是泾渭分明。相比于快餐类别需求的刚性程度，小吃类别的需求刚性程度就差得多得多，小吃类别满足的需求属于非刚性类需求。类比来看，小吃类别更像是快消包装食品里的零食类别。

此外，近些年在小吃主食化趋势之下，小吃和快餐的一般统计分类就更模糊。所以，对小吃类别的定义就显得尤为关键。笔者对其范畴的界定是：三餐之外、不以吃饱为目的，而是以解馋为核心需求，非饮品和甜品类、不以筷子为主要餐具、不以堂食为主要就餐场景，以用竹签串或手拿等为主要食用方式和产品形态，烹饪技法采用炸、烤、煎、卤、拌、煮等，以现场加工制作为主的餐品类型，可以定类为小吃。

小吃与菜或小菜之间的界定，主要在于主体食用场景的差别，移动非餐桌类场景是小吃的主要食用场景。但是，这种类别上的边界，在场景融合的前提下，逐渐变得模糊起来。比如说以前烤肠类别，就是没有争议的小吃，餐厅门店里是并没有这类产品。而现在烤肠成为餐厅里的单品之一，在就餐时间和场景里的烤肠，到底是小吃还是小菜？不仅小吃和小菜的边界正在模糊，而且独立的小吃业态，因为餐厅里的小吃类型产品增多，生存空间也在被不断压缩。

由于是非刚需类型产品，在本就不高的购买频率下，又被刚需类型的餐饮业态切分走了一部分购买行为，独立小吃业态的营收状况就会变得更加不乐观。相比于独立小吃类别的独立购买行为，刚需类型的餐饮类别推出相同小吃类产品，消费者们随单购买的消费行为会更加便利，反而会大大提升小吃类产品在刚需类餐饮业态内的购买频率。

这类情况的出现，更多是得益于食品工业化的发展成果。经常做饭的读者应该明白，准备原材料的时间往往多过于炒制烹饪的时间。当在餐厅里省去了产品研发和食材备制的时间后，制作小吃的成本得以大幅降低。相比于成本来说，对比其零售价的加倍率，其中有着极大的利润空间，在不影响主消品售卖的前提下，可以有效提升利润和客单价。两个因素综合后，才会形成如此大规模的行业发展趋势。

这就是随着外卖行业的兴起，独立小吃类业态反而在走下坡路的主体因素之一。除非小吃的产品类型，在刚需类型的餐饮业态里很难实现制作，那么对这类小吃业态就不会产生影响。

刚需类餐饮业态对小吃类产品的业态整合，是不可阻挡的发展趋势。如果说这是食品工业化的结果，那么辅以对产品的实体运输和对信息的媒体化运输的很大便利，则是进一步加速了小吃产品的特色化缺失。其中，小吃产品类型特色化缺失，是最为明显的趋势。也就是说，今天某地流行某种特色小吃，一个月后全国就可以遍地开花，使得原来某地的特色小吃，迅速变成本地的特色小吃。尤其是产品类型的迅速普及，几乎在哪里都能吃到其他地方的特色小吃。

小吃类别普及效率之所以如此之快，其原因在于开店门槛低，其中包括技术门槛低，投资门槛低，监管门槛低。无论是固定摊位还是流动推车，成本投入都不会太高。

小吃产品的全国性普及，并不会影响小吃发源地的特色优势。对于旅行群体来说，到了食物发源地之后，还会再去选择吃当地的特色小吃。其核心的原因就在于属地特产效应，哪怕吃完之后没有太大惊喜，也比旅行离开后没有吃到，可能会后悔的感觉要好上一些。这是损失厌恶情绪带来的心理感受反馈。

在物理上同样有着明确的需求指向，即口味特色化不容易趋同。哪怕是同样一种类型的产品，工艺做法几乎相同，但是在做的过程中，由于食材和调味料以及技法上的不同，同样能够在口味上形成特色化差异。

也就是说，**小吃产品在缺失了类型特色后，仍然保有口味特色化差异**。这也是小吃类别独立业态得以生存的最后竞争力。

# 第二节
# 类别发展路径与商业机遇

　　小吃类别到底满足了人们什么需求，是必须要在营销分析中明确的，否则就没有办法进行深入的研究。小吃类别满足的核心需求，就是解馋需求。能够充分满足解馋需求的基础是非常强的风味特色，包括但不限于属地特产效应。与此同时，小吃类别还有一个类别特质，即单份数量少，吃完饱腹感弱。

　　小吃类别正面临着上下左右的包围圈，并且包围它的类别能够直接转化其购买行为。

　　往上有快消零食抢占现做小吃场景的食用需求，并且其便利性更优，虽然同类相比味道必然有所缺失，但是其价格和便利性都占优的前提下，一般情况下风味差距并不会影响多数群体的购买行为。毕竟，快消零食的风味并没有到难以下咽的程度，并且因其本身的生产工艺和包装储存要求，还能够形成一种新的独特风味。

　　往下有刚需型餐饮业态，加入工业化半成品的小吃类餐品，导致了人们顺带购买行为频率的上升，挤占了部分独立小吃业态的份额。尤其是在餐饮类别被外卖模式介入之后，一餐的消费行为几乎都会在一个外卖商家内全部完成。与原来实体店消费行为完全不同，那个时候可以甲店吃饭的同时，在乙店和丙店买一两个小吃类型的产品，进行配餐食用。或是吃完饭在返回途中，再买一个小吃类餐品解一下馋。虽然现在到店堂食的行为也普遍存在，但是其人群基数确是实打实地下降了几个量级。

还有空气炸锅，在中国家庭已普及。它让居家做炸物这项工作变得很简单，不需要再像原来一样需要考虑浪费油，不好处理餐具，不好掌握炸制的技术，还有一些安全风险。

此外预制半成品食品，从炸物类小吃到煮物类小吃，可以说是预制小吃应有尽有。但是这一部分小吃类消费行为又被预制食品类别分掉了。

在这种夹击中，独立小吃类别的需求强度在下降，消费行为不断在向其他类别进行转移。因为市场环境的转变，小吃类别的发展路径与商业机遇，会在场景和需求类型上发生转变，向刚需型消费场景转换经营思路。

其中有两条主要路径，可以更好适应新的餐饮环境。**小吃类别第一条发展路径是：小吃快餐化发展路径。**基于小吃自身特性可以延伸出两种类型，一种是小吃餐品向菜的方向发展，门店内同时售卖主食，即可满足消费者一餐的刚性需求。类似于一些小吃店，点一个夫妻肺片再加一份米饭，基本是有肉有菜有主食的一顿快餐了。另一种则是单吃小吃产品就能让人吃饱，同时餐品内也有同工艺味型的主食类产品，作为快餐化供需关系能够成立的保障。尤其是炸串类的小吃产品，在连锁化品牌化发展后，基本上已经成了快餐类解决方案。

**小吃类别第二条发展路径是：小吃随餐化发展路径。**作为餐桌上一类风味小菜出现，成为餐桌上增色增味的亮点（见图 2-1）。这种购买和食用感受，类似于 20 世纪 90 年代左右，家里正吃着饭，有一个人下班回家，带回来一只烧鸡，是无比的愉悦感受。由于餐的频率高且稳定，所以具有关联性的随餐类小吃产品的销售就会得到相应的保障。

以卤味零食类别为例，笔者就在此类项目中遇到了一个调研假象。引用一个卤味类别的消费需求数据和门店类型的大数据进行说明，因为这组数据的结果与我们在项目调研中，得出的结果趋势几乎一致。

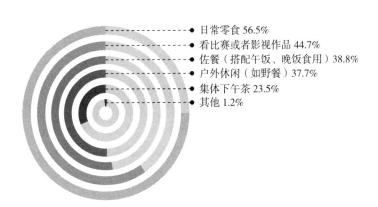

日常零食 56.5%
看比赛或者影视作品 44.7%
佐餐（搭配午饭、晚饭食用）38.8%
户外休闲（如野餐）37.7%
集体下午茶 23.5%
其他 1.2%

**图 2-1　2023 年卤味消费者喜爱的卤味消费场景**

资料来源：红餐大数据"2023 年餐饮消费大调查"。

由于此类数据是多选题，乍一看可能就会误以为卤味消费场景依然是以零食场景为主。但是如果仔细分析答案类型,做严格意义上的定类划分,就会发现除了"日常零食"和"集体下午茶"两个占比 80% 的强零食指向外。刨除掉其他这一占比 1.2% 的选项后,排名第二的"看比赛或者影视作品"这一选项,与餐有很大的关联性。里面存在着边吃饭边追剧,或者不吃正餐把小吃当饭吃等情况,先将两种消费场景在理论上各划一半,不做进一步分析。排名第三和第四的两个直接指向随餐的数据占比为 76.5%,与零食化消费场景仅差 3.5%,两者之间比例已经非常接近了。

但是在卤味门店类型占比分布数据显示(见图 2-2),其中随餐卤味类型门店占比为 55.4%,休闲卤味门店类型占比仅为 39.8%。门店的选点落位,进一步印证了小吃随餐化的发展路径。

图 2-2　2023 年全国各类型卤味门店数占比分布

资料来源:红餐大数据,数据统计时间截至 2023 年 6 月。

相比于在调研中,消费者对消费场景的认知选项来说(会存在消费者认知错位的现象,与行为可能出现较大的偏差),商家在门店选点落位的决策上,更能清晰明确地印证消费者的购买行为。并且,小吃随餐化趋势不可逆。

无论是小吃快餐化发展路径，还是小吃随餐化发展路径，都意味着纯粹独立的小吃门店，在面临四方围堵时，会存在一定程度上的经营压力。当然，这里存在着经营模式和扩张规模的前提，上述两条路径，更加符合连锁化大规模扩张的企业发展路径。如果是个人去经营独立的小吃门店档口，那么就需要在风味上做足功夫即可，还原出小吃餐品很强的风味特色，自然可以凭借口碑持续获取客源。

个体经营的独立小吃生意，有可能做成区域内专属的特色风味，其他区域并不能做到一模一样。成为被本地消费群体认可的特色风味小吃，进而成为区域内的代表，对于外地消费者来说，会是其到店品尝的在地美食目的地。

或者是在某种特定场景下，例如庙会、景区等特殊场景，开设做小吃生意的特定档口门店。

消费者对风味特色的感知，会因为门店数量的激增而变淡，又因为连锁化后紧接着是工厂化的食材处理方式，也会在物理上削弱小吃的风味性。打一个比方便于读者理解，个体经营的独立小吃生意，可以在风味上做到 90 分以上的水平，而其他维度只能在及格线上下徘徊。然而对于连锁小吃企业来说，就需要在各个方面都要做到 70 分至 80 分的水平才行。前者是竹竿效应，比拼的是长边，后者是水桶效应，比拼的是综合能力。这就是两者之间的差别所在。

但是，快餐化并不影响原有小吃的生意。同理，随餐化也并不影响原有小吃的生意。两者并无对立，而且会形成更大的优势。改变后可以有效承接 4 个时段的生意午市、下午、晚市、夜宵，不仅不会影响原有小吃的供需关系，反而会因为经营思路的转变和产品类型的增加，增加了营业时段，扩大供需建立的锚点，进而可以捕获更多的消费机会。

餐在这里的重要性的核心，就是在于需求的刚性程度，较高的购买频率加上极强的稳定性，是人们逃脱不开的消费场景，并且抗风险能力也会比独立小吃门店更强。

小吃类别产品维度将会有两条较为有效的演进路径，一条路径是复合多样，产品自身做附加型动作，在原有产品上附加另一类原料，增加其风味的特色性，产生新的风味刺激。例如，鸡排类产品原有都是油炸的一个纯鸡排，后来发展出爆浆鸡排类产品类型，将鸡排与芝士类产品组合在一起，就会形成一种新的特色风味。

另一条路径是形式创新，基于对产品外部包装和产品组合呈现的视觉变化类的创新，均属于形式创新范畴下的改变，这个维度的改变可以给消费者带来显性直观的视觉刺激。例如，钵钵鸡由餐品转向小吃的时候，外部包装就变成了圆筒形状，而并非是原来的盆子，与烤串的包装也不同，这样一来就比较容易建立显性的类别识别表征。在现做茶饮类别里形式创新的例子就比较好例举，从竹子的桶到大容量吨吨桶再到迷你桶，这都是形式创新对消费行为的直接刺激。

同时，小吃类别可以从正菜上面汲取经验，做小吃化的转变。用小吃类别的形式规定，把菜品改良后装进去，使其符合小吃类别的类别标准。

小吃类别，还有一类商业机遇，就是区域小吃类别全国化普及的机遇。随着原生性民族自信的重新建立，国内不同的区域都有成为旅行目的地的机遇。人来人往中，区域美食的全国化普及扩散动作，就会随着人流展开，小吃类别自然也在其列。

# 第三章

# 正餐类别营销分析

第一节

# 类别宏观需求与底层商业逻辑

"黄河路上那么多人，忙来忙去嘛都是在等人，女人等男人，乙方等甲方，销售等客户，没人等人来，有人等下次再来。明面上等，暗搓搓等。不是做生意，就是劈情操①。"这是电视剧《繁花》里，男主角阿宝对黄河路饭店的评述。

**正餐是处理人际关系的社交场所**，这个定义是对正餐类别宏观需求的有效概括。确定了正餐类别供需关系的主体所在，即为处理人际关系提供符合对应要求的社交场所，以宴饮活动为主要社交载体，背书社交活动中的规格等级，显性社交关系的价值重量，迎合被请者的口味喜好，同时，填补社交活动中的空白时机，活跃社交活动中的氛围，丰富社交活动中的环节。或以正餐社交场所内的场地特质为基础，为客户提供与其他需求相对应的道具支持为辅，例如餐前茶歇、棋牌娱乐、会议空间等，综合目的是通过饭局营造出的氛围，实现更加有效的沟通，从而拉近彼此之间的关系距离，最终实现对不同目的的有效推进或达成，包括但不限于促成合作、升温关系、家庭团聚等诸多事项。如单人

---

① 朋友之间聊天、谈心、叙旧等活动，通常发生在一些有情调的地方，如咖啡馆、酒吧等。后来引申为谈男女朋友。

就餐，一方面是个人需求的满足，另一方面则是满足了就餐行为的便利性需求。

以上就是基于营销科学学科视角，对正餐类别宏观供需关系的最终定义。定义中确定了 1 个前提、3 类主体价值和 3 类辅助价值，以及多种延伸需求的复合满足，明确了最终目的以及能够达成目的的原因。说明了一种特殊情况，以及特殊情况出现的原因。

餐饮社交是较为重要的社交方式，从古代至现代依然如此，觥筹交错美食呼应间，环境和氛围变化的同时，改变了原有的社交关系的质量。

接下来对 3 类主体价值逐一进行说明，首先是背书社交活动中的规格等级。需要借由选择的餐馆在社会当中的层级认知，去确立当次餐饮社交活动的具体规格。餐馆此时需要被当作一个整体的物去看待，商品属性论的分析维度在这里同样有效。规格等级包含价格，但是其主体是餐馆规格等级，需要被社会共识的集体认同，是社会价值的显性体现。餐馆自身需要在当地有一定的地位和名气，需要被社会认可，并且这些名气向外地受邀者进行传递时，能够一说就让其感受到规格等级。地理条件、会员制度、特殊食材等门槛的设置，会让购买力的价值失去作用，正是这种购买力在购买门槛上的失效，加深了此类餐饮在规格等级上的表达效度。

这类需求的主体解决方案正在逐渐萎缩，一方面原因是此类解决方案的规模化扩张能力非常弱，另一方面原因是社会主流行为的集体变化弱化了规格等级的需求，最后一方面原因是购买力的普遍提升打破了一部分显性的规格等级限制。但是，能够满足此类需求的相似性解决方案，正在以不同的概念投放到餐饮市场中。例如，私房菜、家宴、私厨等，都属于利用了此类心理需求。

其次是显性社交关系的价值重量。相比于规格等级，价值重量就简单和好理解得多了。人均客单价的评判标准要比规格等级的体验感受更加直观，价格是衡量价值的核心标准之一，在这里价格被当作较为核心的评价指标。虽然人心中的情感是无法以重量去衡量的，但是在付款显示金额时总归是能够对应到相应重量单位上去的。并且在现代的餐饮渠道业态里，尤其是在现代城市以购物中心为主的商业组织形态中，渠道之间并没有较大的区隔，价格的区分又较为显性直观，所以价格决策类的解决方案成了主流。

关系类型加上目的需求配合个体购买力，三个维度共同决定了人均客单价。在个体购买力一致的前提下，商务关系和家庭关系的价格设定通常是高低两端。主流平均价格带空间在 50 元到150 元，进一步深入划分其价格空间在 70 元到 120 元。再向上一个价格档位区间在 180 元到 550 元，进一步深入划分在 200 元到330 元。

最后是迎合被请者的口味喜好。此类餐饮中，餐品的风味部分是基础保证，同样需要做得出彩。所以在基础得以保证的前提下，其他的需求才能成立。如果连基础都没有办法保证，顾客来一次之后就基本不会再有第二次，根本无法实现长效运营。

不仅餐品维度是产品，餐品之外也同样是产品，服务、门店设计、氛围营造等维度同样也是产品，这些维度共同组成了产品的整体，并且分门别类发挥着应有的效用。原生于超一线的正餐类别品牌，正是由于这一部分的欠缺，正在遭受省会和一、二线级城市品牌的进攻。

对于消费者其他综合类需求的满足，是餐馆功能性的扩展维度，同样也是服务运营的重要环节。在餐饮门店里，每天并不会发生什么大事，但是基础运营无小事。一线人员依托于门店对顾客进行深度服务，时长通常会在一个小时以上，在整个过程中，每一个环节都有可能促成消费者的复购，并以此为前提建立长效的供需关系。很多时候人们过于依赖于其他手段，而往往容易忽略门店基础运营服务提升，对餐饮客群的影响以及对业绩增长的影响。通过门店服务与客户建立长效的供需关系，依然是需要极度重视的核心方面。

以餐厅为社交场所去处理不同类型的人际关系，人际关系的类型差异，决定了需求维度的差异。但是其本质始终不变，都是在处理相似的人情世故。对于正餐类别企业来说，预先确定好不同关系类型的占比，才能有效提供相应的场景，匹配与其相对应的餐品和服务。

第二节

# 类别变革与发展机遇

图 3-1 为 2016—2023 年全国中式正餐市场规模概况图。正餐类别行为普及率，保守估计已经近乎至八成以上。这与国家经济的发展密不可分，30 多年的时间全面打赢了脱贫攻坚战，老百姓的口袋里逐渐鼓起来了。购买力是消费的基础，对未来的信心是购买热情的条件。以前人们不下馆子，是因为下不起馆子，现在不下馆子是认为自己做的饭菜更好，或者是一个人去正餐餐馆里吃饭不便利。购买力不再是唯一或主要的行为限制因素。

**图 3-1　2016—2023 年全国中式正餐市场规模概况**

资料来源：红餐大数据。

一般统计意义上的划分，炒菜类为主的门店会被划归为正餐类别进行统计，最高点类别规模达到 10 890 亿元，到了 2022 年由于行为受阻，类别规模降至 7867 亿元。对比 2022 年的米饭快餐类别同比增长了 3.1%，类别规模升至 2209 亿元。由此我们就可以进行定论：在相同社会环境限制下，当处理人际关系的行为受阻时，正餐类别的营收规模就会大幅度下降。

如果按照实际消费者对类别认知的归类范畴计算，加上火锅类别和烧烤等相关类别（见图 3-2 和图 3-3），正餐类别规模接近 20 000 亿元。

**图 3-2　2016—2023 年全国火锅市场规模概况**

资料来源：红餐大数据。

正餐类别服务的关系类型，正在从早期的相对类型单一，到现在的客群类型的相对多样，形成了正餐类别关系类型综合化的主流发展趋势。以哪种客群类型为主体，同时再兼顾哪几种辅助客群类型，是正餐门店需做的必要决策。

基于不同类别和在不同时间段做的定量调研，正餐类别的主要客群类型占比，从高到低排序大致约为：家庭客（带娃或不带娃）；朋友、闺蜜、同事；商务；情侣。有效贴合客群类型的需

**图 3-3 2015—2023 年全国烧烤品类市场规模概况**

资料来源：红餐大数据。

求解决方案的创新，才是真正能够实现增量和客群积累的有效手段。例如，如何为带娃家庭客提供更好的就餐解决方案，从餐品设置到门店服务，以及运营道具的设置，都是能够拉动门店营收的有效动作。需要注意的是，任何动销动作的设置，都需要具备系统性和长效性，以及贴合某类消费者的实际需求。

帮助消费者更好地实现人际关系的处理，是正餐类解决方案的类别比较优势之一。以人际关系为前提的变革，才能更加有效实现生意的增量。

正餐类别在近几年出现了三种生意机遇和一条新的模式创新机会。第一种是通过小份菜加外卖渠道，实现了对快餐份额的抢占。第二种是通过渠道延展，进入零售渠道，实现餐品零售化的渠道增量。第三种是通过供应链优势，进入团餐类别或小团餐类别，实现跨类别场景的增量。一个餐饮品牌的发展，有四条可供发挥的路径，分别是堂食、外卖、零售、团餐（2023 年团餐规模达到 18 400 亿元）。

一条新的模式发展机会是：**通过正餐下饭菜的模式，进行快餐化发展，同时兼顾一部分正餐的客群类型，以实现对快餐类别解决方案的大幅度综合升级。**尤其是以湘菜小炒系列的单品推动为代表，在这股势头下湘菜的门店数占比超过了川菜类别（见图 3-4）。

同时，也预示着在辣这一具有口味刺激味型中，湘菜的清辣味型超过了川菜的油辣味型。

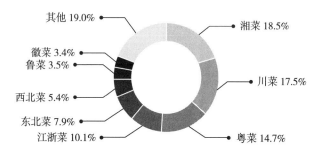

**图 3-4　2023 年中式正餐细分菜系样本品牌门店数占比分布**

资料来源：红餐大数据，数据统计时间截至 2023 年 6 月。

正餐下饭菜模式对应到快餐升级需求，理论上来讲类型化的市场增量空间巨大（见图 3-5），类型化的元素也亟待实验开发。正餐下饭菜模式有两个较为明显的优势，一个是刚性需求，另一个是运营成本与快餐类相差不大，但是客单价却是快餐类别客单价的两倍以上。

此类模式能否突破正餐连锁化的区域限制，实现与快餐类别解决方案类似的规模空间，还需要进行持续追踪观察，但是就其目前发展趋势看，存在一定的实现概率。相比于传统正餐明显更低的价格设定，比现有快餐有更好的产品和环境的解决方案，达成了性价比上的价格与价值的均衡感受。

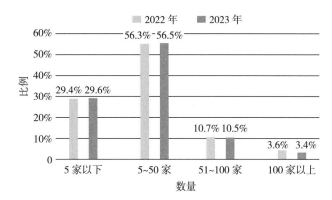

**图 3-5  2022—2023 年全国中式正餐品牌门店数区间占比分布**
资料来源：红餐大数据。

时至今日，正餐类别仍难以突破区域限制和规模限制，一方面是区域口味限制，另一方面则是管理的标准化限制。虽然类别规模较大，但是市场份额较为分散，50 家门店就是难以逾越的鸿沟。

新冠病毒疫情期间，商业行为锐减后养成了新的行为习惯，一方面是谈事情可以线上而不再非要线下见面，另一方面则是宴请的固有习惯被打破了，大家接受并习惯了可以只谈事情不组饭局收尾，进而导致了文化认知的改变。也就是因为行为阻隔后，传统习惯开始松动，最后发生观念的转变。一般情况下，受行为改变驱动的影响，想要重新回归同样需要通过行为实现驱动。

家庭客以及朋友类关系的客群类型，成为驱动正餐发展的主要群体的现状，在短时间内是无法改变的。如何对应此类人际关系群体，做出解决方案的需求贴合满足，是正餐企业需要深入思考的维度。

对于传统正餐企业来说，其品牌跟菜系做了定类绑定，长期向消费者传递菜系的基本信息。菜系观念和基础信息，已经被消费者充分认知。再向下发展，则会形成两条路径驱动，其中一个维度是新进品牌通过形式创新吸引消费者。新品牌对群体消费者是能够产生吸引力的，关于人们对新的需求的分析，笔者会在附录2里做具体的说明。或是通过价格和风格，将人群进一步做区分，以谋求更加精准地贴合部分人群的需求。

另一个维度就是正餐正宗化的发展路径。菜系这一上位类位信息被消费者熟知之后，支撑菜系背后的众多区域菜品类型，将会以一个更加正宗的态势进入大众的视野，为菜系正宗化留足了多样广阔的发展空间。无论是区域名称，还是区域主打菜品，都可以对正宗实现有效的表达。例如，顺德菜之于粤菜，盐帮菜之于川菜，臭鳜鱼之于徽菜等。

这一模式需要在短时间内搁置做全国大连锁的念头，以所在区域为主，在达到一定规模后，再考虑跨省或多省经营。毕竟过往数据表明，八成以上的正餐门店连锁不超过 50 家。如果菜系和所在地一致，那么自然就会成为区域内的餐饮特色选择，如果是非原产地经营，就需要成为其菜系里更正宗的解决方案的选择。

这一路径会将商业模式进一步做重，但是商业模式的轻重不以个人意志所决定，而是需要符合类别发展规律。人们受互联网思维的影响余波未消，会自然认为重模式不好，但是很多类别是轻不了的，尤其是在实体产业领域。

两条路径总结下来就是：前一条路径侧重于更新颖更具特色；后一条路径侧重于更正宗更专业。无论是选择哪一条路径进行发展，均离不开在产品维度持续创新的支撑，和对门店基础运营服务的重视，以及将餐饮整体门店作为完整产品的系统性考量。

# 第四章

# 异国餐饮类别营销分析

第一节
# 异国餐饮需求的三重底层驱动

当我们论及异国餐饮时，首先进入人们认知的就是欧美国家的西餐，其次便是日料以及韩餐，最后是东南亚等地区的餐饮类型。食物里面蕴藏了一个区域内的物产、工业技术、文化习俗等内涵，是最能代表区域特色的元素。对于本土消费群体来说，当遇到一类异域餐食进驻到本国市场的时候，在口味适应性上，或大或小都存在着相应的挑战。

不同国别的异国餐饮类型在中国餐饮市场发展至今，经历了中国社会各个时期的经济发展阶段后，中国餐饮市场情况基本已经趋于稳定。异国餐饮在中国发展的底层驱动因素，同样也发生了非常大的变化。

笔者将驱动异国餐饮发展的底层因素划分为三重（见图4-1）。**第一重是文化介入**。这是最为顶层的一重。正如餐饮类别营销分析框架里所述，文化认同是产品认同的提前。可以通过文化去建立人们对产品的阶层观念，以及改变人们对餐食的口味适应。这一点在现做咖啡馆类别发展初期较为常见，人们基于文化认同为前提，以其代表的阶层为向往，最后去努力适应现做咖啡的味感。

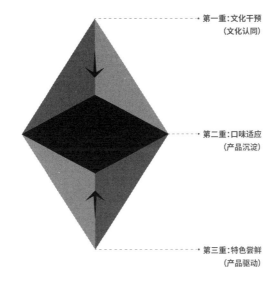

第一重：文化干预
（文化认同）

第二重：口味适应
（产品沉淀）

第三重：特色尝鲜
（产品驱动）

**图 4-1　驱动异国餐饮发展的底层因素**

从文化上介入对意识产生干预的例子比比皆是，尤其是在我们的日常用词中，表现得更为具体。比如洋火（火柴）、洋枪、洋炮、洋房、洋娃娃等，此类认知是基于时间尺度，经历不同历史阶段发展过来之后，人们乃至于整个社会，形成的意识形态里的认知。

西餐正是在这种前提下，进入了中国改革开放初期的市场，直至 2015 年之前，这类状况没有根本性变化。从 2015 年之后，到 2020 年前这个状况出现了些许松动。2020 下半年后，这种情况从本质上出现了较大的变化。而要完成变化的结果，至少需要两到三代人的时间。笔者于 2021 年，发布了一个观点，叫作原生性民族自信。中国的"20 后"，将会拥有原生性民族自信。这是中国特色社会主义阶段性胜利果实中必将生发出的文化现象。原生性民族自信与现有自信的核心差异在于，现有国人的自信均来自比较论证，但原生性民族自信将不再依据比较结论而确立信心，而是原生的自信。

西餐文化强势发展时间段里，日本料理在中期左右同样以文化上的强势，进入了中国餐饮市场，并且相比于西餐的口味适应性更有优势，日本料理的接受程度相对更高一些。

日本餐饮的便利店文化对中国饮食的影响是很大的，不仅是文化影响这一个维度，还会在渠道上进行更深层的行为干预。日式的餐饮元素就会基于文化上的强势，加上渠道上的便利，以及人们对新产品类型的尝鲜需求，进而形成系统性和结构性的、强势的认知建立和行为实践，使人们从综合维度去适应日餐，这是日餐在中国餐饮类别扩张时与其他国家不同的地方，这是非常关键的一环。人们在日本的便利店文化中，寻求最正宗日式的餐饮解决方案，是渠道的日本属性所必然导致的结果。因为我们不能从一个日式便利店里，获得美式文化的习惯养成结果，渠道内类型化是很难被改变的，这就是日餐向外拓展的优势。

还有一个基于文化拓展餐饮的特例，就是韩餐。早期依靠临近的地缘优势进入中国餐饮市场，并且由于部分区域有韩国人相对集中的区域，韩餐馆形成聚集地，凭借于此韩餐在中国餐饮市场慢慢发展。真正让韩餐形成燎原之势的是凭借着流行文化的渗透，尤其是韩剧在国内的流行，使得韩餐正式进入了爆发阶段。

但是，在失去文化支撑后，不仅是韩餐声势不再，几乎与韩国相关的所有商业，在中国市场都日渐势微。韩式餐饮整体与韩国现做咖啡馆的发展节奏几乎一致，来也匆匆，去更匆匆。

与我们在分析框架里的注释一致，文化是商业的基础和未来，是创新的源泉和长效发展的基础。

**第二重是口味适应（口味喜好），产品沉淀。**这一重特指其餐饮类型是否适合中国群体消费者的口味。口味适应性和喜好的群体基数越大，其在中国市场的规模就会越大。这里是单纯的对食物自身的味感的评判，是由群体消费者真实喜好决定的。文化虽然可以影响消费者的行为，但是很难影响消费者行为的高频发生。

依然以韩餐为例，在失去了文化驱动的大背景后，其在中国餐饮市场依然存有可观的市场规模，就是在于其成了中国餐饮市场内，味型特色元素的补充。与消费者之间构建起了基础供需关系的保障，在大衰退后，会长期维持一个基本的市场规模。

**第三重是特色尝鲜，产品驱动。**基于不同国别餐食的新颖和特色，吸引部分消费者付出尝鲜行为，或是小部分有过在当地餐饮行为体验的群体，在国内进行复购。如果将文化介入看作是上层介入路径，那么这一重就是一个底层的介入路径。如果其口味适应性较好，自然会发展至第二重。经由上层路径介入的异国餐饮同样如此。

第一重和第三重路径之间除了有发展速度的差异，文化强势国别的餐饮类型，一般情况下规模会大于文化弱势区域国别的餐饮类型。同时，也会影响定价的范畴宽度。

时至今日，中国在与其他国之间国力和文化上的比较中，处于优势时更多。这也就意味着，异国餐饮的第一重驱动路径，现今已经很难走通。大部分新进入中国餐饮市场的异国餐饮类别，都需要从第三重底层驱动路径起始。反倒是中国的餐饮类别，在域外作为异国餐饮可以基于第一重驱动路径介入他国餐饮市场。

# 第二节
# 双层路径下的阶层与定价

## 西餐上层介入路径

分析异国餐饮在中国发展的路径，需要以时间尺度为依据，尤其是介入的时间节点极为重要。因为其介入的时间节点和介入场景，构成了社会对其的初印象，以及长时间影响下形成的固定认知。这种社会力量，决定了类别最初发展的土壤环境。

从西餐进入中国市场的两个不同的时间节点，就可以发现人们对其的态度。大略于 17 世纪中叶，西餐传入中国。一些西方国家的外交官及传教士在进入中国传播西方文化的同时，也将西餐技艺带到了中国。据记载，德国传教士汤若望曾在 1622 年用西餐在北京招待中国官员和西方人。中国人初见西餐时，感到震惊、不适应甚至反感。

时间转至 20 世纪初，西餐流行于上流社会。慈禧对包括西餐在内的各种西洋事物都有好奇心，据说法式面包是她最爱的点心。当时在八国联军入侵中国时，为了搞好外交，她经常在宫里举行西餐宴会，以此招待外国的公使夫人。在宫廷风气的影响下，西餐也就慢慢在北京的官宦、富商家流行开了。

光绪年间，中国最早的西餐厅在上海福州路开业，名字叫"一家春"，随即北京也有了第一家西餐厅"醉琼林"。不过，那时候还不叫西餐厅，而叫番菜馆。

20世纪20年代初，上海的西餐厅有了一定的发展，礼查饭店（现浦江饭店）、汇中饭店（现和平饭店南楼）、大华饭店等相继开业。此外，广州的哥伦布餐厅等也相继出现。辛亥革命后，中国处于军阀混战的时期，西餐厅也就成了一些军政头目、洋人买办及豪门富贵的交际享乐场所。

从17世纪中期到20世纪初期，上层群体对于西餐的意识形态发生了巨大的转变。而此时普通民众对于西餐的认识，也从原有的厌恶不适，转变到了高档时尚。而这两百多年间，西餐的本质并无变化，而是人们率先对其文化产生了认同后，改变了对其餐品的观念，进而基于文化认同形成了餐品认同。

中华人民共和国成立后，俄式西餐率先在中国的酒店宾馆内作为配套存在。到了20世纪80年代中期，随着中国对外开放政策的实施，以及经济的快速发展和旅游业的崛起，不少合资饭店和宾馆开业了，比如著名的凯宾斯基酒店、希尔顿酒店、假日饭店等。这些宾馆和饭店的西餐厅不仅有法式西餐，还有英式、美式、意式、俄式等餐厅。与此同时，我国相继派厨师去国外学习，西餐重新在中国发展并兴起。

这一时期正是中国经济发展的初期，对那时西方领先的认识会不自觉地附加上滤镜。同样，吃西餐代表着更上层的生活方式。所以，**西餐的两个核心需求原动力在于：对先进生活方式的向往。**

群体对于能够显性化标识出阶层的物是有着非常大的需求的。阶层高低是一个动态的范畴，而非是一个固定的阶段划分。阶层认同既有相对小的社会范畴里的集体认同，也存在于相对较大的社会环境范畴。这取决于标志物的影响力和阶层高低的划分，例如一个高级异国餐饮，在一个县城很有名气，县城内购买力较高的群体都会去，都认可这个高级异国餐饮对于阶层的标识。但是由于其影响力有限，跨出这个区域对区域外的人做描述，那个在县城有阶层标识能力的异国餐饮，就失去了效用。这种影响力的阶层价值梯度，一般情况下是上线级城市影响下线级城市。

对于同一空间内的人群阶层，也需要进行近一步的区分。一般会将其分为三种阶层类型，第一种是在阶人群，第二种是进阶人群，第三种是爬阶人群。这里是以购买力能够支撑的购买间隔频率周期为核心指标，在消费者想消费的前提条件下，其购买力能够支撑他多久消费一次。例如，对于在阶人群来说，可以做到想吃随时吃，并不在意价格。对于进阶人群来说，可以做到相应有节制的消费，但是仍然需要考虑较高价格的单品。对于爬阶人群来说，需要在某些特殊纪念年日或节日，将其作为一种具有特殊意义的情感表达。也就是在同一空间消费的群体，阶层之间亦有差别。那么应对不同阶层类型的客群，就需要给予不同的招待解决方案。

如果以西餐类别在中国的发展阶段为例，长效满足阶层客群需求的核心，就是要随着起初这批客群的阶层跃迁后的收入提升，而同频提高餐品定价。用新的高定价后的收入，去做门店品牌的投入、环境的升级、区位的选点落位等，由此进一步贴合阶层群体的阶层化需求，给予客群高于定价的价值感受。价格提升的比例，需要符合初代客群阶层跃升后的购买力去确定，使其在进行消费时，不能产生很便宜的消费感受。对于一餐饭的消费来说，这个购买感受会因其收入的不断提升而进一步削弱，最后会产生价格无感化的消费感受。虽然会有餐之外的其他类型产品去满足其更贵的需求，但是消费金额与其拥有的财富显然会逐渐失去可比性。但是到了这一阶段，类别内的社会化餐饮品牌，没有比其更高定价的时候，这个比例就不再重要了，因为社会型餐饮的同类不再有新的更高价格的解决方案了，这个时候就基本稳定了一批阶层消费者的基数了。这种定价方法，叫作阶层定价法。

如果是在一个具备价格系统基础的市场环境中考虑定价，首先需要考虑的是这个定价方法是否需要用到阶层定价法，如果是，那么选定价格的的区间，一方面是在区分人群的阶层，另一方面是在选定人群的基数。

笔者在服务某牛排的营销咨询项目时，通过企业访谈和十几个城市门店走访，完整了解了独立西餐品牌在中国发展的历史变迁过程。初来内地市场，当时这家牛排店定价几乎是最贵的一档西餐的定价，收获的客群几乎是当时区域内较为顶级的那一阶层的客群。然而随着时间的推移，这家牛排店定价上涨不及时，定价上没有跟上那批客群的收入跃迁，进而没有更多的费用维持自身的品牌价值、运维、落位、装修等一系列门店运营相关的事宜，那一批高消费力的阶层客群就流失到更贵的西餐馆里去了。营销咨询方案落实后，这家牛排店牛排的发展方案，以及更贵的解决方案，在一定时间内，验证了上述理论分析结论的正确性。

基于时间尺度，对西餐类别进行进一步的分析。国人在面对如此这般强势文化威压之下，对于西餐的需求更多或绝大部分发生在社会价值维度，再向下分析就包含了阶层属性、文化属性、精神属性。而这种社会价值的体现，则需要在社交场景才能将其最大化，例如商务社交、约会纪念类场景关系里。恰好西餐的宴会形式以及流程规则，较为擅长处理这种类型的场景关系。尤其是西餐厅对大的空间环境、小的用餐环境的处理，在早些年都显得更加精致。进一步对西餐类别进行分析后，可以总结出**西餐的比较优势有 5 点：（1）文化感知导致的认同。（2）流程规则体现出的仪式感。（3）善于处理社交关系。（4）精致的环境氛围。（5）阶层划分后的准确传达。**

文化认同为主导驱动的高端西餐的走向大概率亦是如此，只不过比较来看，其过程会相对缓慢一些，但是不会改变大的趋势走向。中国餐饮市场在对第一重文化介入的异国餐饮类型，进行"排异反应"，这个过程是商业底层驱动因素的彻底转变过程。我们会在第二章对其进行详细论述。"排异反应"引发的这种转变并不是彻底丢弃，而是在三重驱动因素之间，进行比例上的调整。由原有的文化介入为主体驱动因素，逐渐向第二重下沉，或是人群规模由第三重路径介入，向第二重转化。

原有以文化介入类型为主的商业规模，尤其是高价格带部分的品牌，将会有一定比例的下降，其中一部分消费行为就此消失或者降频，一部分则会向下转移，消费行为保留但是消费单价下降。这样调整后，将会导致类别规模大幅度下降，红餐数据显示：2022 年我国西餐市场规模为 708 亿元，相比 2021 年下降了14.3%。

也就是说，当中国餐饮市场的消费者，去掉异国餐饮附加的文化光环之后，留下的文化部分才是异国民族本来的文化面目真相，是不同人群对某一地域特色的喜好问题。在真实的餐饮文化特色层面，与群体消费者建立起来的供需关系，才会更加真实和牢靠。当然，如果经济上的优势持续存在，基于文化先进所建立的供需关系，同样也是真实的。

祛魅异国文化附加光环的过程，同样会沿着其最初普及的路径逐渐蔓延开来，是一个由上线级城市向下线级城市，进行观念更新和范式转变的过程。

西方传统贵族文化也在互联网经济和新生群体的带领下，有新的发展和突破，从服饰到餐饮以及审美取向，都在发生根本性的改变。不仅中国有新中式，在这种时代思潮的引领下，西方同样也有新西式。基于新西式文化下衍生出的新西式的西餐厅，首先在空间上刨去了原有的富丽堂皇的繁复，给人们营造了一种轻松的氛围和去阶层化的感受。更加符合时代的审美需求，以及时代的主流意识形态。产品上回归至物的实用属性维度，更加注重物的功能性，尤其是在轻食维度上建立的认知较为普及。

这里要注意一下，轻食与西餐并非同类，而是完全独立的两个类别。只是在餐饮元素上有重叠而已。

这是文化介入维度的西餐类型，由于西方文化自身的转变，自主分化出的新的分支发展路径（见图4–2）。这类新的西餐商业形态传入中国之后，其业态的适应性有较为明显的局限。极端的新西式西餐厅，由于其在形式上弱化了仪式感的展现，商业经营上面临着非常多的问题，只在很少数地方能够生存下去。

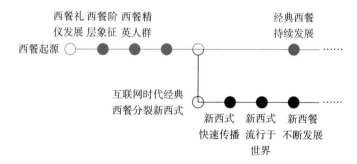

**图4-2　基于两种文化体系下西餐在西方的两条发展路径**

针对有过西餐消费行为的目标客群做拦访调研，其平均消费频率仅为0.82次/年，这是在2016和2017年的消费者定量调研的结果。在没有这个亲调数据之前，很难有人相信西餐的消费频率会如此之低。

对于中国消费者来说，仪式感的下降是对阶层表达的弱化。

而在处理一些重要的社交关系时，需求的主体维度之一就是要对阶层有显性的传递。在本就低的消费频率之下，这样的变动会偏离人们对西餐的需求类型，即新西式西餐厅是一个新创造或新衍化出的新类别，群体消费者对其类别化需求的认识，还处于一个摸索的阶段。对于新类别的主体来说，从哪些维度能够更好地与群体消费者建立起需求，以及可以开发出哪些较为刚性的产品需求，是当下要解决的主体问题。

对于新西式西餐厅的到店人群关系上分析，晚餐之前更像是一个带餐的精品咖啡馆的需求满足形态，而晚饭餐及晚餐过后，其氛围可以满足清吧的休闲放松需求。那么在餐的类型选择上，是一定要以那些可以建立刚性需求的产品类型为主，特殊或无法形成普遍刚需的产品为辅助。从早午餐、午餐、晚餐时段内、餐加咖啡和酒水，以咖啡作为品牌与群体消费者建立长效高频联系的纽带，并且可以在咖啡的类型上做创新特色产品的开发。晚上七点以后的时间段以酒为基础，小食为辅，以环境氛围优势，做类酒吧型的生意。进而形成一个综合性的类别解决方案。

目前来看外部存在的问题是，群体消费者对这类综合性解决方案的产品形态，缺乏有效的类别化认知，商家在信息沟通上存在大量的缺失，尤其是在对类别能够满足需求的描述上，需要加强这类商业餐饮形态解决方案的类别化信息传递。另外，则是需要在定价上，做进一步的考量。目前此类餐饮的定价，几乎都处于中高位度以上。那么除了产品和定价需要验证以外，经营的底层逻辑也需要同步进行梳理。

也就是新西餐类别的样例原型，需要进一步搭建组合并且验证，使其在某些维度上与消费者建立较强的需求关系，保障生意模型的存活率，以及拓宽新类别的区域适应性。

## 西餐下层介入路径

从高档酒店西餐到独立西餐品牌，从清末到中华人民共和国成立后，西餐上层化发展路径一直存续至今。然而普通民众与西餐的缘分则要晚得多，直至 20 世纪 80 年代末期，这一介入路径才开始发展，并且可以有序地分为 3 个发展阶段。

第一个发展阶段为汉堡西餐阶段。1987 年 11 月 12 日，中国第一家肯德基餐厅在北京前门开业。虽然肯德基在其招牌上尽可能在明确自身美式快餐的定类，并且还很本土化的在广告上写上了"美国肯德基家乡鸡"的广告语。但是群体消费者在当时看到美国、美式这种描述后，文化先进性带来的先进感受，使消费者自然忽略了后面的信息内容。

1990 年 10 月 8 日，中国内地第一家麦当劳餐厅在深圳市解放路光华楼西华宫正式开业。

肯德基和麦当劳，让普通百姓可以吃上西餐，虽然招牌上写的美式快餐，但是依然不妨碍消费者将它当作高档的西餐来吃。"80 后"都会有相同的经历，过年了、过生日了、成绩名列前茅了，一顿肯德基或麦当劳是最好的奖励了。一个汉堡，一份薯条，一杯可乐，已经是普通消费者在当时对西餐的全部定义了。这样的一餐，在当时代表了先进的生活方式。

随着时间的推移，消费者对于西餐的认知渐多，汉堡已经不能承担消费者对于西餐的认知，汉堡渐渐回归其本质——快餐。西餐也走出了汉堡阶段，进入了下一个发展阶段。

第二个发展阶段为比萨西餐阶段。必胜客于1990年，在北京东直门开设了中国的第一家店。相较于汉堡西餐的不正宗，必胜客用比萨承接了普通消费者心中对正宗西餐的认知。必胜客到了中国后，将原有以外带为主的快餐比萨，做了非常大的改良，还原了正宗西餐的仪式感，并且将更多的西餐餐饮元素呈现给消费者。为了口味适应性问题，必胜客在主餐比萨的口味研发上，尽可能靠近中国口味。

刀叉、盘子所带来的仪式感，时尚的环境氛围，入座后的点餐方式，都符合中国消费者对于西餐的想象，必胜客成为这个阶段西餐的代表，代表了先进生活方式。

同时必胜客用欢乐餐厅的概念，把消费者带入了约会的情景、朋友欢聚的情景、家庭聚餐的情景，发挥了西餐在当时可以更有效地处理社交关系的功能。

出国旅游、影视剧和网络带来的信息高速流通，使消费者对西餐的认知不断提升。消费者慢慢发现，比萨也只是西式快餐的时候，西餐也将要走出比萨阶段。

第三个发展阶段为牛排西餐阶段。笔者在 2015 年、2016 年和 2017 年，连续 3 年 3 个西餐品牌的营销咨询项目中，经由系统性营销分析判断，通过几乎覆盖中国大部分地区、超过 4000份有效定量样本显示的结果，牛排最终以压倒性的认知优势，成为新一代西餐的代表性食物。

牛排作为西餐的主菜，物质上确实比前两个代表性食物更具备价值感，同时在其国家的餐饮文化里，牛排是可以代表西餐的正宗性的餐饮元素。

也就是说，从汉堡到比萨再到牛排，群体消费者对物的正宗性的需求是迫切的。由于国内消费者的认知不断升级，西式快餐满足西式正餐需求的状况并不能长期存续下去，终会回到各自所处的类别范畴内。牛排从物质和文化上，都可以展现西餐的正宗性。

西餐下层发展路径至今，产品上已经发展至其最高的产品形态，即牛排西餐阶段。已经不会再出现新的餐饮元素类型，形成新的类别发展阶段。除非西方饮食文化有重大的变革，但出现这种情况的可能性微乎其微。现在的变化，只会出现在商业形态、产品类型，以及价格等主要维度的创新，或是特色化个性化的风格呈现，抑或是在这个三个代表性产品阶段之间，引入一些新类型的产品。

西式快餐类别在 2023 年市场规模达 3687.8 亿元，同比上升36.3%（数据来源：艾媒数据），几乎 5 倍于西餐正餐的类别规模。

西式快餐的普及是价格和口味适应性的综合结果，使其拥有了稳定复购的长效保障。

如果我们将西餐的下层介入路径，对应到日本料理上来，其阶段性几乎重合。日式便当快餐类对应到汉堡类，寿司类和日式拉面类可以对应到比萨类，刺身和烤肉类可以对应到牛排类。两者除了文化不同和餐饮元素不同，其底层发展逻辑几乎是一致的。

# 第三节
# 一个主体方向的发展路径

异国餐饮失去了文化介入的路径之后，基本上也就是失去了短时间大规模打入中国餐饮市场的可能性。现阶段哪怕某些品牌能够短时间内进入，那么过了特色尝鲜阶段后，客流会在短时间内迅速下滑。上去的速度有多快，下来的惯性就有多猛。2018 年之后，通过文化介入的异国餐饮品牌，大多是这样的结局。

现阶段新的异国餐饮元素进入中国餐饮市场，想要与中国消费者建立需求关系，只剩下特色尝鲜型的产品介入。所以，异国餐饮品牌，如果现在还想要凭借文化介入路径进入中国市场，这个念头可以早早打消掉。好好做产品，是异国餐饮进入中国餐饮类别唯一的路径。

文化介入失效，并不是说异国文化在异国餐饮中没有了用处。而是用文化干预中国消费者的认知和行为这类现象，早就不再有效。他们已经不能在中国的消费者面前说，可以从文化先进性的地位出发，同中国消费者建立长效供需关系。初期就算消费者对其产生了兴趣，在尝鲜之后认为不好吃，马上就会选择放弃，不会再进行复购。而不是会再像现做咖啡类别一样，中国消费者可以给予其十几年的适应时间。

营销分析论证的结果，并不是让异国餐饮品牌，放弃对所属国别文化的输出。恰恰相反，异国餐饮品牌需要考虑的是，如何通过餐饮元素，获取中国消费者对其饮食文化以及扩展至对其国别文化产生兴趣，这才是一个新的且有效的课题。从市场包容性来看，中国消费者几乎可以算作是世界范畴内最具包容性的群体之一了。

异国餐饮驱动因素由文化介入改变为产品驱动，对类别整体和个体品牌的发展路径，都会发生颠覆性的改变。

异国餐饮彻底转入至产品驱动时代，需要以餐品为主体与消费者建立起相对稳定的供需关系。消费者对餐品的需求，一般可以按照喜恶强度分为五类情况：一是觉得好吃，二是认为还行，三是能够适应，四是没有兴趣，五是适应不了。这是基于味感层级，人群口味适应性基数做的划分。当人们的味觉回归于产品自身的时候，评价指标就是纯粹的口味喜好。人的味觉标准是可以通过长期培养而发生改变的，所以理论上来讲，前四类情况都有向上升级的可能性，这需要有一定的时间基础，以及辅助尝试的媒介，例如朋友中有人特别喜欢吃，或是说食物内拥有了某种正需要的增值类价值的餐品。

基于产品驱动进行进一步分析，可以分为两类需求方向和一个三重关联。**两类需求方向分别为：产品需求的方向、场景需求的方向。一个三重关联为：价格与场景关系和需求类型之间的复购关联。**

产品需求的方向按需求层级划分，从弱到强可以分为四级：**一级是特色尝鲜**，也就是对异国餐饮产生了兴趣，由此形成了需求动因，终而转化为行为驱动。**二级是稳定供需**，通过初期接触，消费者与异国餐饮类型基于某种维度，达成了相对稳定的供需关系，此类维度可以是风味喜好，也可以是场景关系，抑或是需求类型等，并且基于此种维度能够达成相对稳定的周期复购。**三级是多样创新**，人们需要通过更多的餐品类型，或是同一种餐品的不同味感和成品的做法，以达成不同风味的刺激感受。**四级是专业需求**，需要更为专业化的餐品解决方案，以文化的地域性和特色性以及正宗性为前提，去满足消费者更深层次的类别需求探索。

那么在**一级特色尝鲜阶段**，关键的指标就是餐品的口味适应性比例，这个关乎未来的人群基数大小。如果这一比例非常低，那么注定是一个小众生意，因为人们一般只会给一个异国餐饮类型一两次机会。对于一个餐厅品牌来说，绝大多数情况是仅有一次机会。

这个时候，无论是营销行业分析者，还是餐饮品牌经营者，都必须得接受有些异国餐饮类型，就是小众市场的事实，而不能凭借自主意愿，尤其是基于文化或短时间促销之下，对其进行盲目的扩大化经营。因为连口味适应性这一关都没有过去，那么无论通过什么形式的消费行为刺激，都只会是短时间的虚假繁荣。一段时间之后，无论有没有此前的刺激行为，或是刺激行为更加深入，生意都会走下坡路。

对于需要进行长时间口味适应性培养的异国餐品类型，在发展初期越是需要从小众需求开始满足，不断拔高供需关系的层级，才能慢慢汇聚起来圈子里的专业同好。因为无论类别规模大小，里面人群的需求一样会向更高层级发展。

有一个合适的中式餐饮类型的例子可以在这里引用，以作说明。笔者在 2014 年执行真功夫的一个餐饮咨询项目，以及后续的其他同类型餐饮项目过程中，几乎走遍了中国米粉的原发地，以及项目所要落地的一线城市区域。以北京、上海为例，螺蛳粉当时在北京和上海的餐饮平台搜索，北京只有不到 3 页商家陈列展示，上海也不过 5 页商家陈列展示，其中还有很多结果是搜索模糊导致的店铺类型不准确。这就是螺蛳粉当时在两地的真实门店数量规模，但是其中就有几家是做得非常专业的店铺，在螺蛳粉同好圈内非常有名气，几乎是开门前就开始排队。走访市场时与消费者沟通，他们的反馈几乎都是正宗，评价大都是柳州之外吃到的最正宗的螺蛳粉了。上面这个例证可以很好证明，类别内无论圈子大小，在圈子里总有一个明确的需求梯度，总会有一群人有更专业的需求需要被满足。

处在这一阶段，比较有代表性的异国餐饮类别，当属墨西哥塔可（Taco），它进入中国的时间并不短，但其在很长一段时间内，经过反复推动都无法进入稳定供需阶段。到了吃播自媒体流行时期，墨西哥塔可凭借着其较低的普及率和知晓度，不断地被当作较为新颖的食物类型，被博主们当作新颖的餐品类型去展示，这样使一部分消费者产生特色尝鲜的需求动因。一方面塔可确实因其多年来的类别认知率较低，观看的人有新鲜感，能够使一部分人对其产生类别化认知，以及去尝鲜的想法。另一方面是我们对墨西哥文化的了解和认同较少，类别与消费者之间在供需关系无法有效建立的前提下，塔可类别长时间处于小众市场阶段，因为普及率低所以尝鲜类型的需求占比会相对较高。但是就算如此，也不妨碍塔可阶段与其他三个阶段的客群，有的就把其当作每周必吃，或是对类别有不断深入的了解的群体，抑或是专业爱好者。其中的区别是从宏观数据分析时，其人群占比关系和营收的多寡，以及类别规模的大小。

**二级稳定供需阶段**，涉及的主要指标是在餐饮类别营销分析框架的第五个梯度范畴，需求类型的范畴是消费频率的第一决策因素，便利性是第二决策因素，第三决策因素则是价格，场景关系则是最后。

例如，快餐或工作午餐类型的异国餐饮需求，首先是距离带来的获取便利性问题，以及价格决定的能够承受住的最高消费频率。一般在快餐、工作餐内，场景关系起到的作用较低，便利性维度的问题决策占比更高一些。

异国餐饮类别到了这一阶段，基本上是与消费者之间达成了对该异国餐饮类别的类别化需求。类别化需求一旦建立成功，就说明了异国餐饮类别在消费者认知中建立成功，形成了固定的需求类型。同时，同类异国餐饮门店的进入，会强化消费者的类别需求，类别规模得以有效扩大，扩张的速度也会比此前要快。

如果在这个进程中遇到类别爆发式的发展，对于品牌来说需要判断的是其中谁是主导。如果是个体餐饮人，并且大概率没有直营连锁能力的经营者大量进入，则无须担心长期影响，但是在短时间内则需要降速发展，控制门店扩张的节奏。同时要警惕，避免大范围陷入价格战的竞争中去。如果是大资本进入，或是有能力开直营连锁门店的经营者进入，那么则无须担心，按照原有扩张速度运作即可。需要考虑的是，是否要加速扩张速度，以及加速扩张而产生的资金、团队等问题。

这两种情况都会使得类别内竞争对手数量快速增加，类别将得到更好的普及，类别规模随之扩大。

当异国餐品类型一旦在消费群体内，形成一定群体比例下的口味适应性后，势必就需要围绕复购维度构建解决方案。战略上一方面可以基于现有需求类型的占比，做统计总结，并针对占比较高的需求类型，做更加有效的提示和刺激。另一方面是基于场景关系进行关联提示，为需求类型做场景化的直观匹配。执行的时候可以通过不同的信息介质，进行信息运输传达。不仅可以更加快速实现现有群体的有效沉淀，同时还能缩短购买间隔频率周期。那么因群体范畴的缩小和需求传递的准确，对于拉新维度的ROI指标，也会有正向促进作用。只有这样，类别需求的长效性，才会有相应的保障。

**整个发展过程的路径就是将不确定性的喜好需求，转变为稳**

定的类别化需求，最后将其固化为刚性需求，实现类别在较长的周期内都有增量发展。不会突然因某种因素，致使该类别出现大幅度下跌的状况出现。因为，人们对某种单一事物的需求是不稳定的，而对于类别化需求则相对稳定得多。所以，类别对个体的胜利是永恒的。

对于一些快起快落的异国餐饮类别或是个体企业品牌来说，由于对需求类型的不明确，导致没有办法去进一步判断需求的阶段转折，以及阶段转折过程中必要的行为推动，才会在很短的时间内，发生快起快落的商业现象。

对于餐饮类别需求发展阶段的系统性理论描述，在此前并未出现过。正是因为理论描述的缺失，使得从业者无法有效理解商业现象背后的具体原因，不免会导致对商业事实误判和错判的情况发生。异国餐饮类别如此，本土餐饮类别的发展亦可用此分析判断。

中国餐饮市场对异国餐是较为友好的，人们愿意了解其他国家的风土人情，尊重其口味习惯和饮食方式的规则，只要能够解决口味适应性问题，那么进入中国餐饮市场并不难。在拥有庞大人口基数的中国市场里，理论上是可以找到其自身的生存空间的。中餐与异国餐饮在互相尊重的前提下，异国餐饮同时会对中国餐饮类别的向前发展进化，起到交流融合促进等作用，尤其是在推动创新方面，对中餐的发展会在一定程度上起到提示性作用。

**进入三级多样创新阶段后**，由于人们累积了一定数量的行为次数，对该类别也有了较为深入的认知。自然会对该类异国餐品有了更多的需求，一方面是有了尝试的好奇心，谋求不同的餐品风味带来的刺激感受。另一方面则是希望通过原有餐品，体会到更多不同的风味呈现。

那么这个过程是属于形式创新与复合多样的需求衍生阶段，同时伴随消费者对细分餐品类型需求的扩大化走势。通过形式创新的路径，去满足消费者深一层的多样性和新奇性的需求，能够较为有效的对消费者形成需求刺激。

笔者曾在对购买需求异化的论述中，建立了一个简单的需求公式：基础需求 + 刺激需求 = 需求总量。形式创新所对应的就是刺激需求的维度，并且当信息的物成为购买行为的主要入口后，刺激需求维度的消费行为驱动占比，正在不断扩大。

因为在这一时期，消费者还未进入专业需求维度，所以一些形式创新带来的显性直观的视觉冲击，是消费者比较容易感知到的新增价值，因此也就更加容易被触动。这就是在众多维度里，形式创新在这一阶段对消费者有较强作用的主体原因。

但是，这里有两个不能忽略掉的关键问题。一个是一旦开始进入形式创新的竞争，就需要形成系统化的前提规划，有产品系统的构建、有对应季节假日的产品分型，以及相对固定的上新节奏等工作。另一个是在产品创新过程中，一定要定类创新，也就是要做以类别需求为基础前提的形式创新。避免进入创新误区，做出消费者无法认知的产品。形式创新过程中，要逐渐累积自己某一方面的专长能力，基于此建立品牌自身的强势单品，乃至强势单品系列。

拉新和刺激老客户是以形式创新为主，那么与老客户能够建立持续的供需关系的基础，仍然是强势系列的产品。在保留主打系列产品的前提下，通过对主打系列产品的微调，做类型化的微创新，而形成孪生餐品的比较，同样能促进老客户进店消费的频率。

**到了四级专业需求阶段**，相应客群对于产品的认识和理解已经到了较高的维度，其在类别中投入的时间和金钱，几乎与其认知水平成正比。如此可见，专业内部有三重内涵：**一重是认知能力的层级水平；二重是餐品自身的客观层级；三重是购买能力的相对匹配**。虽然购买能力并不是绝对的决定因素，但是也是占比较高的因素，且是关联较为直接的维度。

先从认知能力维度论述，这一阶段是消费者基于餐品自身，去吸收异国餐饮类别社会信息的过程，也就是理解餐品背后的社会价值的内涵。只有当物的实体形态转化为物的信息形态后，物的社会价值才开始起作用。毕竟，物的自然价值维度是人类因生存需求而自明的。以食物为例，按其自然价值判断，无非就是长成什么样子、口味如何、能否吃饱，不会出现其他判断标准。满足的是人的物理性需求。

但是人对物的需求并不满足于此，需求专业化的过程，就是人们对物的价值升维过程，将物的自然价值升维到社会价值这一新的价值领域。物因其增加了新一种价值类型，是原本不存在于物自身之内的，只在社会中存在的价值类型，扩展了物自身意义内涵的范畴。赋予了物社会价值后物就会有两类价值（金融价值是物的第三类价值），物外价值的稳定性不如物内价值，同时距物越远的价值维度稳定性就越弱。

因为物有社会价值，那么就必然会存有评判社会价值的标准，建立社会价值基础就是社会的存在，标准的呈现形式就是信息。即基于社会通过信息构建出来的社会价值的尺度和规则。通过信息形式达成的社会性质的需求类型满足，在营销科学原理中将其定类为认知型需求满足，即基于社会价值维度而建立的供需关系。进一步来说，社会价值形成的基础，是一个社会长时间发展积淀出的社会规则下的层级规定，进而在其社会文化的延续中，不断约束影响社会一代又一代的群体认知，并且在时间尺度上发生继承延续、升级创新等现象，从而产生隶属于当代社会的新的社会规则，继而形成新的层级规定。

回归到异国餐饮类别，通过不同维度显性地表现出社会价值的层级标尺，是这一部分极为关键的结论。价格、选址、装修、运营、服务、历史、理念、餐具等维度，是按照显性程度顺序排列的。

餐品自身的客观层级，是在与物自身密切关联下，建立出的以物的社会价值为主的判断标准。物的社会价值建立，是不能离开物自身的。例如，在有需求的前提下，物的价值与其稀缺性有较大的关联，无论是真的稀缺还是刻意营造出的稀缺感受，人们会因稀缺愿意付出更多的购买成本。

既然如此，餐品的客观层级，也就是以餐品专业化为核心，简而言之就是以产品为驱动的发展路径。价值认知一旦回归到产品层面，人们对每一种类型产品，都会产生更加专业的新的类型化需求。类型与类别之间是包含关系，类型算是一个单品或是一个系列，类别则是在单品或系列被认可后，因相似类型的餐品不断分化扩张后，终而形成一个具有较大包容性的类别。建立一个新的类别，是单品或类型成功分化的最终结果。

餐品专业化需要考虑的基础前提依然是人群口味适应基数，而且更加考验口味适应程度，因为异国餐饮专业化的核心之一就是餐品的正宗性，也就是要以第四文化维度作为主体考量依据。餐品在国外怎么制作，到中国市场就需要进行精准还原。在不进行口味适应性调整的前提下，餐品的适应性问题会暴露得更加明显一些。

异国餐饮专业化核心之二是规则标准之内的特色创新，在异国餐饮的规则之下，做本土化的形式创新，使其产生新的特色性。一方面是满足在地消费者的口味习惯，另一方面则是通过形式创新吸引消费者付出更多的购买行为。西式快餐类别在较早的时间就已经在做这一尝试，并且一直持续至今。只不过当时这类品牌那么做，还会因自身文化落后而产生一种被认同的自信感受。而现在这么做，消费者只会关注到形式创新的部分。

只要沿着餐品专业化的路径发展，原有一种类型的餐品，都会基于专业化的路径延伸出更多样的产品类型。例如，牛排这一餐品系列，如果向专业化发展就会考虑更好的原料，是否是原切的牛排，而非是合成的牛肉片，原切之后还有厚切的标准，同时还会产生不同部位的差别，以及不同地区、不同饲料饲养出的牛肉差别。那么这一重考量，就会在不同食材上，产生比较上的优劣出来。接下来就是运输、储存、烹饪流程和工艺等维度产生的比较价值差异。再往下就会是哪家餐厅品牌或主厨烹饪的，由此产生的比较价值差异。

上述种种维度形成的比较价值差别，就是专业化后的餐品层级差别。理论上来讲，每一个层级都会形成一个类别，进而会兑现出类别化需求来，也就是生意所在。不仅是牛排，汉堡、比萨、日式拉面、寿司等出自不同国家的餐饮类型，都有专业化发展的机会。只不过其衍生出来的新类别，会尊崇定类类别规模示意图来的规模趋势。不会因为越专业而获得最大的市场规模占比，反而会因为专业造成客单价较高，在购买限制之下，其市场份额占比自然就不会太高。

如果延展开这个讨论的话，专业化的反向路径就是快餐化，这同样也是一条有效的商业路径。

对购买能力的要求，是专业化发展的必要支撑。一方面是原料和生产成本的大幅度提高，另一方面则是支撑专业化背后的其他一系列附加成本。第三个方面则是因为价格是判断价值的主要标准之一，乃至于在消费市场中是唯一指标，所以在这里，价格就是判断专业与否的核心指标。

那么基于不同层级的专业化需求，对应到不同层级的餐品价值等级，进而可以分化出不同定价层级的需求类型。因为购买价格限制人群基数，价格越高可以付出购买成本的群体就会越少，所以类别总体规模并不会太大。但是，除满足专业化需求之外，还会起到推动类别发展的引领作用，给承担其他层级需求的异国餐饮门店，给予了发展方向上的示意，并且在餐品和其他维度上供其借鉴。

总结下来在专业需求阶段，人们获得了三重需求的满足，分别是社会价值满足、餐品价值满足、相对价格满足，三个维度共同实现了人们的专业化需求。

笔者所描述的阶段，并不因下一层向上一层进化后而埋没下一层，而是满足四级需求的商业主体共存的市场状况。其差异是人群基数的多寡、消费频率的高低、购买成本的贵贱而已。而且，依据定类类别规模示意图来看，价格中等覆盖人群基数才是最大的，越往上和往下人群基数就越少，从而影响类别规模的大小。例如西餐类别，虽然西餐正餐的正宗性要远超西式快餐，但是现阶段西式快餐的规模已经倍数于西式正餐的规模了。那么在人的需求是基于类别化所形成的前提下，超位类位所形成的西餐类别内部，虽然不同层级之间会有相应的阶层划分，但是因类别化需求这一前提，并不能够直接影响阶层间隔太远的类别购买行为。

自我需求向上的阶层爬升，一般情况下不会对有两个以上的阶层形成强烈的购买欲望和稳定的频率，或是这种消费需求的升级会发生在此前消费的类别内部。例如，原有一餐请客的价格是人均 100 元左右，而在产生跃层消费的时候人均 300 元左右是其能够接受的舒适价格范畴，那么到人均 500 元左右的时候，基本上就超过其合理承受范畴了。类别的内部进行升级表现则更加明显，例如原来吃 20 元一个的汉堡，那么今天想要吃更好的汉堡，并且为其多付出了一倍的价格，也就是 40 元购买一个更好的汉堡，就是类别内部的消费升级行为。

场景需求的方向顾名思义，就是以增加消费者三餐之外的场景性需求为前提，通过环境设计、家具类型选择、空间布局、餐品类型增加等维度建立普遍适应性，在更广的营收时段获得更多满足场景性需求的营业机会。西餐业态在上午、下午以咖啡为主，晚上以咖啡加酒的产品组合，获得了相对有效的商业实验成果。

价格与场景关系和需求类型之间的复购关联，定价高低与复购周期成正相关性，定价越高复购周期越长，定价越低复购周期就会越短。其中维度的变量是场景关系和需求类型，当其需要用相应的载体去满足需求类型和场景关系时，其消费频率就相对较高，如果没有场景和需求驱动，其消费频率就会直线下降。

　　这里面价格高低是一个比较概念，而不是一个绝对概念。例如，在起初肯德基麦当劳进入中国的时候，在其文化介入还有很大效果的时候，他们采取了超前定价的方式，率先预判几十年后中国餐饮市场一般快餐的价格范畴，基于此提早 30 年做到这个价位中来，那么在起初的时候这个价位的产品就是属于高价位餐品，那么 15 年后之前的定价就属于中等价位，那么到了现在就属于快餐的平均价格偏中上的价格。虽然其间有频繁调高价格的动作，但是在与同类相比的时候，其一直保持在一个相对较高的价格认知里。此类情况不仅只发生在餐饮类别，其他类别例如消费电子、汽车等类别几乎都是如此，他们用超前的市场定价法则，不仅攫取了市场利益，同时在当时还是促成购买行为的关键因素之一。

　　价格不仅是消费者决策的最后环节，也是餐饮人确定餐饮模型的决定性因素之一。所以在定价问题上，就要率先划分清楚，此类商业类别需要处在什么价格层级范畴，那么这个价格层级的需求类型维度有哪些，上下环比之后哪些能够成为自身的比较优势，进而产生某种刚性需求。此外就是需要对客群的场景关系进行排序，不同类型的场景关系在其营收中分别能够占比多少，找到优势竞争场景后，在后续引流的时候才会更加有效率。

　　无论最终决策者做出怎样的商业决策，都需要准确意识到自身决策的理性依据，以及那些被自我否定的决策的弊端。并且需要找到相对刚需的需求类型以及场景关系，作为生意基础的保障。

虽然，异国餐饮在中国餐饮市场失去了文化介入的优势，但是其在产品上的机会空间，也正在被逐渐放大，只有在产品维度建立了稳定的供需关系，生意规模才会逐渐扩大。

一个国家餐饮的进入，并不简单的是一种餐饮类型的进入，同时也是这个国家对餐饮食材相关的餐饮文化观念的带入，同时会引发与本国餐饮的相互交流和融合的行为，新鲜的东西人们总是想要尝试，不同国家处理食材的方式也会对本国餐饮元素实现影响。因文化的不同，必然会引发经营理念和餐品供给的差异，这也就是异国餐饮类别的特色所在。

# 第五章

# 预制食品类别营销分析

第一节

# 工业介入食品的产业机遇

预制类食品，虽然走向了中国人对食物需求的侧面，但是却走向了产业、资本、企业需求的正面。

理论上讲，正面的动能必然是会超过侧面的阻力，所以预制食品的初期乃至未来一段时间内的支点，都会是在供给侧。从供给侧来看，预制到产业有规模优势，预制到资本有集约优势，预制到企业有效率优势。从产业中起到企业中去，B2B（企业到企业）的产业型交易行为，贡献了大部分市场份额。

然而，企业端并不消耗预制食品，而是需要通过不同销售形式的企业端企业，将预制食品售卖给消费者，这样才会达成最终完整的生产销售链路。那么，这里面存在的问题就需要我们深思，也就是：B2B2C（企业到企业到消费者）与直接性的 B2C（企业到消费者）的产业交易行为，对于消费者来说，差异点到底在什么地方？这是我们在引言里，提出的第一个关键问题，我们在正文中会进行翔实论述。

预制食品的主体既然是产业问题，那么紧接着我们就要讨论有关定类周延<sup>①</sup> 的问题，涉及了类别主体以及包含的全部范畴。对于以定类认知的有效性和准确性为营销分析的判断依据来看，预制菜这个定类命名是不准确的，极容易误导认知。因为，预制菜仅是通过预制技术生产出的一类预制的东西而已，其并非是类别内涵的全部，也不是占据绝对市场份额比例的主体。

现阶段预制菜的产业类别共识后的类别命名，混淆了预制技术与预制成品的关系。进一步来说，预制的花卷与预制的红烧肉，如果都用预制菜的类别命名去进行统称，大家是否觉得妥当？一个"菜"字，限制或混淆抑或是掩盖掉了预制食品类别的真正的范畴，同时建立了错位的类别主体和消费认知。从供给侧维度分析，预制产业的主体在于预制，而并非是预制后面的名词。

进入预制食品产业的企业，多数都有一种类互联网心态，追求的是万物皆可预制——所有的食品都可以重新用预制的解决方案重新做一遍。如同人们耳熟能详的那句，所有行业都可以用互联网重新做一遍。预制食品类别的发展，是产业技术和产业基础配套双重发展促成的结果。

沿着这个思路我们引入类位思维，通过类位分布图就可以直观的理解我们上面说的问题。从一般的定类划分思路排序，预制食品，可以作为这类产业类别的超位类位统称，上位类位则可以是预制主食、预制菜、预制小吃等。而现在行业则是将预制菜作

---

① 　周延：逻辑学上指命题中之名词所表一类事物全体皆论及者，谓之周延。

为预制食品类别的超位类位，这样一来一方面限制了认知上的类别范畴，另一方面则是带来了理解上的错位和偏差，同时将预制食品类别的真相遮蔽了，其直接的影响是限制了预制食品在到消费者维度的拓展效率，同时偏差了到消费者生意的路径。所以，我们在一开始的行文用词时，就在刻意修正类别的概念，把预制菜修正为预制类食品，简称为预制食品，这样我们在理解这个新兴类别的时候，就可以从更完整的范畴对类别进行准确有效的认知。

上位类位的类别命名用作超位类位，相比于对产业端的影响来说，对消费者端的影响则大得多。一方面在于产业端直接用产业分类去做消费市场，忽略了预制菜并不是消费者认知类别，群体消费者类别认知错位就等于是供给侧对群体消费者需求满足的错位和偏差。那么，群体消费者对预制食品的需求到底是什么？这是关于群体消费者对预制食品需求的问题，同时也关乎于预制食品的产品形态问题。

笔者在不同时期经历了多个预制食品相关的实战咨询项目后，直至综合分析研究后落笔之时，预制食品类别仍处在一个战局混乱的大争之势。

一方面是来自政策和产业以及资本的大倾斜、大投入的一片向好的信心预期，另一方面则是多数到消费者的商业品牌折戟沉沙后铩羽而归的颓唐，以及群体消费者对预制菜类别的接受矛盾，而这样的矛盾不仅爆发在到消费者市场，到企业餐饮面临的社会矛盾同样尖锐。

这样的变化与预制食品类别概念初火之际的一片赞誉略有不同，消费者企业的哑火、到企业品牌的信任危机、群体消费者对预制菜的接受矛盾，给预制食品类别及时降了降温。对于想要进入类别做投资的参与者来说，无疑是一个好的事情，至少在一片喝彩声中，有了不同的现实声音和失败案例做风险提示。

预制食品类别与我们此前分析的其他类别略有不同，之前无论是预测还是分析，相比较来看基本都能看到类别发展的阶段性成果，而预制食品类别则仍处于发展较为混乱的初期阶段。

笔者仍以营销科学原理的学科框架范畴为基础，在定类思维之下对预制食品类别展开营销分析，做营销科学学科范畴内的系统性论证。大家可以通过营销科学的学科视角，对预制食品类别的成因、发展路径，以及驱动因素等有更多维度的理解。同时，笔者也会以类别规律为基础，以群体消费者需求为依托，结合项目实践经验，预判预制食品类别的定类发展路径。

第二节

# 类别发展路径和驱动因素

文化与美味，人们从食物中感受到了归属。当我在一次地域特产美食的提案中，说出那句"没有什么比从小就吃更好吃"时，人们的生命情感密不可分地链接上了食物。当食物遇上现代工业化的技术，结合当代人们的生活节奏与习惯，我们就不得不从对食物的情感中抽离出来，用供需的逻辑去选择吃饭这件事情。

预制食品这个类别，可以追溯到久远的时间，速冻的水饺、冻腌制的泡菜，罐头类食品等，它们都可以算作预制食品。预制食品类别是里面的细分类别，先于这个超位类别被统计和认知的，也就是说，当预制食品作为超位类位出现后，整个类别就不是从零开始的，而是从较大的统计基数的数据上，进入大众视野，开始作统一认知的类别化发展的。

举一个例子，大家会更好理解，没有预制食品作为超位类位的时候，速冻饺子类别在中国已经发展了几十年，2000 年后速冻的火锅丸滑类别的食品也开始发力。那么在之前统计的时候，很少有数据把这两个类别放在一起统计，统一叫速冻食品，因为火锅和饺子没有直接关系。但是，预制食品类别被舆论炒热之后，这两个类别的数据自然归属到了预制食品类别的数据统计里了。

还有里面加了预制料包的粉面类产品、罐头类的产品都会放在预制菜类别的数据统计中（见图5-1）。

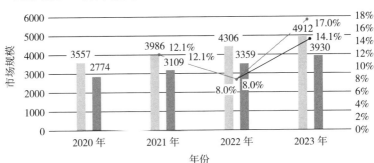

单位：亿元 ■ 总体市场规模 ◆ 同比变化 ■ 企业端市场规模 ◆ 同比变化

图 5-1 2020—2023 年全国预制菜市场规模概况

资料来源：红餐产业研究院。

大家把这些数据加总在一起的时候就会发现，预制食品作为超位类位，它的存量类别份额的统计数量，是非常庞大的。由于不同统计口径统计出来的数据结果有相应偏差，我们采用红餐网《中国餐饮发展报告 2023》的统计数据仅作为参考，2022 年预制食品类别总体市场规模 4306 亿元，到企业端规模为 3359 亿元，在新冠病毒疫情影响下总体增长率均为 8%。

这个数据对不了解这个类别的人来说，是非常有震撼力的，相当于刚知道这个类别存在，并且还挺火，类别的规模就达到了 4000 多亿，并且增长率在受影响的情况下能达到 8%，而且类别还处于刚刚起步阶段，如果不仔细分析，再加上一些内容的误导，例如，预制食品在 2026 年有望突破万亿规模，就很容易一头扎进去，觉得大有可为，以为赶上好时候了。

预制食品类别实际情况与大家感受到的会有一些不一样，预制食品类别企业端的火热与消费者端的冷静形成了鲜明的对比。正如引言当中所说，预制食品虽然走向了中国人对食物需求的侧面，但是却走向了产业、资本、企业需求的正面。预制食品的产业化需求大于消费者需求，所以预制食品的初期乃至未来一段时间内的支点，都会是在供给侧。从供给侧来看，预制到产业有规模优势，预制到资本有集约优势，预制到企业有效率优势。

理论分析和行业数据均表明，预制食品类别是企业端产业，是典型的供应链式产业类型。在预制食品类别这个概念被大家熟知以前，这个产业就是以企业端供应为主，作为餐饮产业链条中的组成部分，为解决餐饮标准化，尤其是中餐标准化和成本节约化以及规模化等问题应运而生的。笔者在 2016 年左右做信良记项目的时候，那时候行业里都不叫预制菜，大家都管这个类型的项目叫餐饮供应链，考量的方向是如何能够提升运营效率尤其是连锁门店的运营考虑。只有统一餐品味型并且替代门店厨师，降低对人的依赖，才能形成规模化发展的优势，这是当时这个行业内的一个共识。

从吃的美味的角度，我并不认可这个方向，但是从经营角度来讲，这是一个必然要探索的方向，但也不是唯一的发展路径。

到目前为止，相对统一的数据口径是餐饮供应链类型的到企业业务份额，占比预制菜类别份额的 80%，并且大都是拥有完整产业基础设施的企业，无论是餐饮供应链还是预制菜的叫法，不能被所谓的欣欣向荣的数据和新类别概念迷昏了头。

我们继续深入分析市场份额占比的构成，到消费者市场占据的 20%，也就是 900 亿左右的市场容量，还要继续剥离掉速冻粉面类食品原有的存量销售数据，三全食品 2022 年财报（见表 5-1）显示其营收为 74.34 亿元，其中速冻米面类食品占比86.6%，速冻调制食品占比 11.27%，冷藏及短保类产品占比1.4%，在总营收额中零售及创新市场的占比为 83.69%。

安井食品 2022 年财报（见表 5-2）显示，其营收为 121.83亿元，分产品看，面米制品、肉制品、鱼糜制品、菜肴制品四大业务营收分别为 24.14 亿元、23.84 亿元、39.45 亿元、30.24 亿元。在 30.24 亿元中"安井"虾滑类营收约 27 亿元，"冻品先生"实现营收超 5 亿元，"安井小厨"实现营收近 2 亿元。我们可以看到菜肴制品类的主力产品虾滑在预制菜概念被炒热之前，是伴生于火锅被大家认知的产品类型，原来定类划分在丸滑类或速冻食品类别，现在被重新统计归类在预制食品类别。

从渠道来看，经销商渠道营收为 98.04 亿元；传统商超渠道营收 9.78 亿元；特通直营、新零售、电商渠道营收分别为 8.31亿元、4.39 亿元、1.3 亿元。

专业做预制菜类的企业味知香 2022 年收入 7.98 亿元，其中到消费者端口 69%，赢利 1.43 亿元。鲜美来营收 10.59 亿元，赢

表 5-1　三全食品 2022 年财报

单位：元

| | 2022 年 | | | 2021 年 | | | 同比增减 |
| --- | --- | --- | --- | --- | --- | --- | --- |
| | 金额 | 占营业收入比重 | | 金额 | 占营业收入比重 | | |
| 营业收入合计 | 7 434 297 659.46 | 100% | | 6 943 439 865.01 | 100% | | 7.07% |
| 分行业 | | | | | | | |
| 零售及创新市场 | 6 221 508 031.21 | 83.69% | | 5 772 368 740.59 | 83.13% | | 7.78% |
| 餐饮市场 | 1 212 789 628.25 | 16.31% | | 1 171 071 124.42 | 16.87% | | 3.56% |
| 分产品 | | | | | | | |
| 速冻面米制品 | 6 438 176 168.75 | 86.60% | | 6 032 001 232.91 | 86.87% | | 6.73% |
| 速冻调制食品 | 837 622 195.58 | 11.27% | | 746 047 654.41 | 10.74% | | 12.27% |
| 冷藏及短保类 | 104 014 148.47 | 1.40% | | 122 894 898.19 | 1.77% | | -15.36% |
| 其他业务收入 | 54 485 146.66 | 0.73% | | 42 496 079.50 | 0.62% | | 28.21% |
| 分地区 | | | | | | | |
| 东区 | 1 573 257 129.88 | 21.16% | | | | | |
| 南区 | 1 406 386 711.97 | 18.92% | | | | | |
| 西区 | 1 503 014 829.21 | 20.22% | | | | | |
| 北区 | 2 951 638 988.40 | 39.70% | | | | | |

| 分销售模式 | 2022 年 | | 2021 年 | | 同比增减 |
| --- | --- | --- | --- | --- | --- |
| | 金额 | 占营业收入比重 | 金额 | 占营业收入比重 | |
| 经销 | 5 644 353 223.73 | 75.93% | 5 124 425 112.03 | 73.81% | 10.15% |
| 直营 | 1 545 863 546.64 | 20.79% | 1 617 416 404.25 | 23.29% | -4.42% |
| 直营电商 | 189 595 742.43 | 2.55% | 159 102 269.23 | 2.29% | |
| 其他业务 | 54 485 146.66 | 0.73% | 42 496 079.50 | 0.01% | 28.21% |

（1）主营业务分行业、分产品、分地区、分销售模式情况

### 表5-2 安井2022年财报

单位：元

| 分行业 | 营业收入 | 营业成本 | 毛利率（%） | 营业收入比上年增减（%） | 营业成本比上年增减（%） | 毛利率比上年增减（%） |
| --- | --- | --- | --- | --- | --- | --- |
| 主营业务分行业情况 | | | | | | |
| 食品制造 | 12 182 663 119.36 | 9 507 716 843.77 | 21.96 | 31.39 | 31.66 | 减少0.16个百分点 |

| 分产品 | 营业收入 | 营业成本 | 毛利率（%） | 营业收入比上年增减（%） | 营业成本比上年增减（%） | 毛利率比上年增减（%） |
| --- | --- | --- | --- | --- | --- | --- |
| 主营业务分产品情况 | | | | | | |
| 面米制品 | 2 414 404 628.45 | 1 846 275 470.56 | 23.53 | 17.56 | 18.41 | 减少0.55个百分点 |
| 肉制品 | 2 383 677 678.82 | 1 767 892 892.10 | 25.83 | 11.28 | 9.92 | 增加0.92个百分点 |
| 鱼糜制品 | 3 945 165 689.20 | 2 911 482 599.26 | 26.20 | 13.44 | 8.27 | 增加3.52个百分点 |
| 菜肴制品 | 3 024 352 206.43 | 2 678 908 854.45 | 11.42 | 111.61 | 118.48 | 减少2.79个百分点 |
| 农副产品 | 379 883 896.11 | 281 212 233.14 | 25.97 | 156.13 | 125.14 | 增加10.19个百分点 |
| 休闲食品 | 10 840 240.40 | 10 594 695.05 | 2.27 | 243.84 | 307.27 | 减少15.22个百分点 |
| 其他业务 | 24 338 779.95 | 11 350 099.21 | 53.37 | 36.45 | 4.22 | 增加14.42个百分点 |
| 合计 | 12 182 663 119.36 | 9 507 716 843.77 | 21.96 | 31.39 | 31.66 | 减少0.16个百分点 |

续表

（2）分行业、分产品数据情况

| 销售模式 | 营业收入 | 营业成本 | 毛利率（%） | 营业收入比上年增减（%） | 营业成本比上年增减（%） | 毛利率比上年增减（%） |
|---|---|---|---|---|---|---|
| | | | 主营业务分销售模式情况 | | | |
| 经销商 | 9 804 043 783.83 | 7 844 831 757.73 | 19.98 | 26.95 | 26.01 | 增加 0.60 个百分点 |
| 商超 | 978 406 787.13 | 570 156 156.74 | 41.73 | 6.03 | 6.54 | 减少 0.27 个百分点 |
| 特通直营 | 831 151 173.05 | 665 552 189.33 | 19.92 | 116.79 | 112.84 | 增加 1.48 个百分点 |
| 新零售 | 438 813 388.04 | 361 551 132.54 | 17.61 | 146.69 | 212.75 | 减少 17.40 个百分点 |
| 电商 | 130 247 987.31 | 65 625 607.43 | 49.61 | 98.33 | 103.66 | 减少 1.32 个百分点 |
| 总计 | 12 182 663 119.36 | 9 507 716 843.77 | 21.96 | 31.39 | 31.66 | 减少 0.16 个百分点 |

利超 8500 万元，以企业端供应为主。

以上我们看到的在预制食品类别排名靠前的企业，无一不是在预制菜概念大火之前就已经在做这部分生意，在此之前有一些被划归为速冻食品类别进行统计，有一些被划归为预包装加工食品类别进行统计，市场份额的急剧增加并不是预制菜概念的增量，而是产业统计时把相关的存量市场给直接统计进来了。

同时也反映出来了预制菜定类命名的限制性，速冻馒头到底是更符合预制菜还是预制食品？无论是从业者还是消费者，预制食品的定类命名，将会更加符合认知范畴的准确性要求。

我们在庞大的规模统计数据中，刨除掉到企业份额的八成占比，剩下两成中再刨除掉因统计口径改变的传统企业约八成的占比，最后刨除掉传统企业延伸产品而进入增量占比，留给纯粹新晋企业品牌的空间几乎就不多了。综合估算，新晋预制食品类别企业占据的市场规模大约在 20 亿到 50 亿之间。从宏观数据来看，市场的增量空间，也是由此前老牌企业作为驱动核心拓展出来的。

老牌企业做的半成品食品，进入企业端早于进入消费者端几十年的时间。那么产品在向消费者端延伸过程中，几乎无技术壁垒同时，还会拥有多年的经验作为依托。目前预制食品类别，驱动市场增量的因素，尤其是消费者端市场的主因，不是由消费需求拉动，而是由产业发展推动。

老牌企业在原有的到企业和到消费者市场，继续做原有类别化认知下的利润主体业务，驱动企业营收增长，同时更改统计口径和延伸产业做新形式的产品研发和生产，通过自产自销或做OEM类业务借助第三方进行新类别尝试。

预制食品类别能够拿出如此亮眼的发展增速，有很大一部分的原因在于行业发展先于类别统计，类别统计不断纳入新的原有类别，进而夸大了类别的增量。另一部分的原因在于产业端口的产量规模提升，促进了产业规模。然而第一部分原因还是占据主导。

无论从企业内部产业结构上，还是从生产成本上来看，老牌企业的产业延伸的优势，都要远大于全新品牌的优势，因为现阶段类别竞争的主体不在品牌而在产业，品牌竞争阶段一定是群体消费者端口的需求爆发，而需求爆发的主体动因必然不在于预制。

所以，我们的定论是预制食品类别是企业端产业驱动，是典型的供应链产业类型。并且，这个供应链企业在消费者端有较大和较长时间的品牌认知。新进企业面临的宏观局面是比较吃亏的，就等于说是类别是上周创立的，竞争对手是"商周"时候就有的。看似都在起跑线上，可是人家已经提前跑了好几圈了，提前跑的这些圈儿是拿到了现在预制食品类别的占比最大的到企业市场，到消费者市场也同时占有较大的份额。

笔者在做预制食品相关研究时，基于定类视角，将预制食品类别企业定类划分为三大类 6 小类，在此基础上理解预制食品类别就会较为清晰。

第一类可以称为延伸类。里面包含了 3 小类的划分：（1）原材料类企业；（2）央厨类企业；（3）速冻类企业。之所以称这 3 小类为延伸类，因为是对其原有生产体系的延伸，甚至连生产设备都不需要进行过多的调整，或是增加或调换生产线就可以实现新产品的生产。渠道也可以借用原有渠道去进行前期铺货，并且这些企业原有生产的产品现阶段几乎也划归为预制食品类别。

第二类可以称为附加类。里面包含了 2 小类的划分：（1）餐饮类品牌；（2）零售渠道类品牌。附加类是借用品牌或渠道的优势，增加一条新的产品线或是业务线，一部分企业是战略型布局，一些企业是做战术型补充。

第三类可以称为专做类。里面目前只有 1 个小类：预制食品类品牌。这里多数企业甚至只做菜类的预制，并且与前两类企业最大的不同在于几乎没有到企业业务，大部分的资源投入在到消费者市场，我们前面预估的留给新创企业的消费者端市场规模约在 20 亿到 50 亿的空间，甚至连这一部分是市场空间还有一部分原有老牌企业的份额。

通过趋势性的数据可以做一个框架性的定论，预制食品类别现有市场规模的 80% 产自企业端供应链环节，剩下的 20% 市场预估会有 90% 以上的份额归属于原有老牌企业，最后余下的 10% 以下的份额才属于新创的到消费者企业和原有老牌企业延伸类型的产品。

虽然目前的统计数据并没有那么系统，在不同的数据统计口径里会出现一定偏差，但是从宏观角度来看，数据精度的偏差并不影响整体的趋势分析和判断。

预制食品类别的大规模是统计时对原有类别的重新划分而纳入预制食品类别，高增量的驱动则是来自企业端产业，而消费者端市场品牌实践的折戟沉沙以及群体消费者对预制菜的负面情绪，说明了预制食品类别在企业端和消费者端的价值错位。价值错位同时也是需求错位，我们会在第二部分进行系统论证。

明确了预制食品类别的市场份额的结构占比，以及未来发展规模增量主要是依靠企业端增量的事实后，同时可以论证推导出企业端企业在消费者端拥有品牌认知的前提下，更容易通过新的产品进入到消费者市场，并且拥有成本、经验、渠道以及认知优势。预制食品类别的企业端产业，同时拥有消费者端消费者的品牌认知，因为在预制食品类别被炒热之前，这些企业端企业的产品就已经在市场上广泛流通，能够更有效的介入群体消费者的认知中。

在预制食品类别是企业端产业驱动的典型的供应链类产业类型的结论下，想要进入预制食品这门生意或者分析这个类别，一定要先弄清楚到企业还是到消费者作为起始点，因为到企业或到消费者是核心，到企业从硬性成本上来看容易到消费者，反过来则门槛成倍增加。以前大家说预制菜的时候就直接说预制菜，好像预制菜都长成一个样，实则预制菜要严格区分到企业和到消费者，2021年我强调了这个区分，自那之后从身边传来的一些信息，才开始有看到，到企业预制菜和到消费者预制菜的区分说法。

依照类别规律，企业想要进入预制食品类别基本上有两条大的路径可以选择，一是到企业，或延伸至到企业再到消费者；二是到消费者，或延伸至到消费者再到企业。理论分析从到企业产业端口路径进入预制食品类别，生意效率相对较高。

# 第三节
# 场景差异与定类认知分化

　　现在一提起预制菜，多数人想到的是那种加工好的复热菜，或者说是料理包的那种形式的产品，群体消费者会表现出较多的排斥情绪，负面反馈也很多。但是一提起速冻饺子、虾滑、牛肉丸等产品，群体消费者的认知则会转向正面。然而在类别统计中，上文提到的这些不同类型的均会统计在预制菜类别里。从消费者认知和行为来看，则表现为："我吃速冻饺子（预制食品）与预制菜有什么关系？别来沾边儿。"也就是说，在群体消费者认知里，预制食品与预制菜存在着较为明确的定类认知分化的边界范畴。理论上从类位层级划分的维度来看，预制菜也只是预制食品之下的类位，并不能有效囊括预制食品的大的范畴。无论是从行业端口还是消费者认知端口，预制菜的类位错误影响都是深刻且现实的。

　　现阶段群体消费者只是不能接受预制菜，而不是不能接受半成品食品。我列举几个有关于不同场景的例子，读者就会明白其中的内涵：

　　场景1：在餐馆里吃到了预制麻辣小龙虾，①卖的与现做的一个价格，能不能接受？②卖的价格是现做的价格的一半，能不能接受？

场景2：外卖里点到了预制的麻辣小龙虾，①卖的与现做的一个价格，能不能接受？②卖的价格是现做的价格的一半，能不能接受？

场景3：自己买的那种速冻的半成品麻辣小龙虾，想吃的时候自己一热就可以了，①卖的与现做的一个价格，能不能接受？②卖的价格是现做的价格的一半，能不能接受？

大家会发现，同样是预制的小龙虾，放到不同场景里去，对应到不同的购买价格上，人们的接受程度是完全不同的。

我再举一个例子，大家就会明白这其中的差别了，如果你点了一个冒菜的外卖，收到货后发现店家遗漏在盒子里面的包装上写的生产日期是1个月前的，你会怎么想？忍一忍就吃了？大概率是不会的，而是会气愤投诉。但是换到自热小火锅上，大家就付出了行为。理论上讲，外卖里的预制冒菜与自热小火锅里的预制料理包几乎没有什么本质上的差别，并且在统计数据里两类都会被归类为预制食品类别进行统计。

这种现象从营销科学的视角可以解释为是：定类认知分化导致的结果。预制菜在从业者看来是一个大的行业概念，而在消费者认知中只有少数几个对应的具象产品，其他更多的产品类型不在消费者所认知的预制菜这个类别的范畴中。就像从行业划分定类为预制菜类别之中的自热火锅，在消费者的类别化认知系统中，只把它当作自热火锅类别，而不会将其当作预制菜。

除了场景和价格影响外，阻碍消费者对预制食品需有效认知的第三个维度就是产品的定类信息表达形式，即预制二字是否要作为前缀，成为消费者认知预制食品类型产品的入口？

在对需求研究中我们发现，预制的技术产业进步并不是消费者选择此类产品的主体需求动因，换言之，是群体消费者并不关心技术产业的过程，而是在意于生产出来东西的结果。速冻水饺与预制速冻水饺，速冻麻辣小龙虾与预制速冻麻辣小龙虾，在群体消费者认知中预制是可以被隐去的，并不是驱动需求的主要动因。这就是错位和偏差的核心因素，把需求分析的主体由产业形式转向产业结果的时候就会发现，预制并不是需求，而对预制出的食品的需求才是主体需求，并且预制二字可以被拿掉。什么食品可以通过预制的技术，更好地解决群体消费者需求的不满足，才是正向的思考路径，进而才能把握住需求的主体。也就是说，食品类别中，哪些可以运用预制技术替换原有需求的解决分方案。

将预制作为技术进步成果看待，可以横跨应用到多个食品类别中去。而不是将预制技术作为需求前提，让其成为需求兑现的主要动因。预制并不能成为一个超位类位的类别存在，如果想要让消费者有效认知预制食品，必然要把预制这个超位类别整体观念拿掉，从而选择场景需求更明确的上位类位或水平类位进入。如果把预制看成一个超位类位的类别层级时，那么就会进入其中最难的一条路——预制菜。因为这也是消费者最反感的一类产品。并且群体消费者集体性的反感会持续相当长的一段时间，哪怕通过行业标准的法规确立，也无法快速消弭掉，反而是更加依赖于去掉"预制"两字后的爆品的出现，才能逐渐改变人们对预制类别的偏见。

预制食品只是产业概念，并不能作为一个市场需求的消费类别被群体消费者认知并认同。进入类别需要从四个维度考虑预制技术，一是预制技术的类型选用和呈现方式，可以选择冷冻、冷藏、常温的预制工艺，包装形态可以选择袋子、盒子、罐子、真空等。二是预制食品味型还原度与类型范畴选择，预制工艺对不同类型的食品的预制后的味型还原度有差异，甚至有一些就不适合作为预制食品，例如绿叶菜类的预制食品。三是仓储运输的形式和成本，与预制工艺有直接关系。四是复热和熟制工具的匹配程度，到了消费者手里用什么方式可以吃进嘴里，与工具的普及和操作便利性有较大的正相关性，微波炉、锅里加热、蒸烤箱、空气炸锅等，近两年比较典型的受复热工具影响的就是因空气炸锅的普及，带动了油炸类预制食品的消费者端增量。

还记得我们在引言部分预设出的第一个问题吗？企业到企业到消费者与直接性的企业到消费者的产业交易行为，对于消费者来说，差异点到底在什么地方？无论到企业还是到消费者，最终必然是被消费者吃掉，生产出来的东西并不会平白消失掉。到企业预制食品之所以可以到消费者，就是不以预制为显性核心去突出，反而是小心谨慎的隐去了预制的相关性，只在背后默默享受运营效率的提升和成本下降的成果。无论是在第二层级里的饭、菜、点、料四个范畴里，还是在第三层级里的不同的产品路径里，都不会去进行宣传。料包类食品、净菜、半成品菜、腌制类食品、罐头类食品等类型的预制食品，在预制菜概念没有火之前就已经在餐饮行业里存在很多年了。

中国人对于食物的历史文化习俗成因里，本身就暗含了与预制食品的对立认知，所以现阶段预制菜在群体消费者认知中，已经成了一个负面因素的集合体，是整体性的认知存在，充斥着种种负面事实以及主观偏见，同时也是一个模糊的概念范畴。如果我们向消费者提问：提前切配好的净菜算是预制菜吗？提前腌制好的肉类制品算是预制菜吗？提前炖好的杀猪菜算是预制菜吗？提前卤好的鸭脖算是预制菜吗？消费者并不是行业分类专家，他们大概率无法做判定，但是这并不影响群体消费者对预制菜类别产生的整体上的负面认知。

面对群体消费者对类别整体的负面认知时，企业需要合理合法的规避掉信息中存有偏见的部分，并且将正面的部分通过信息进行丰富有效的呈现，进而提升消费群体付出行为尝试的概率，而不是在概念认知阶段就产生较大的认知行为阻碍。

我们在第一部分做了产业结构的分析，明确了预制菜目前还属于是企业端产业，第二部分前面的内容明确了，如果想要进入消费者端预制食品类别，就不要把预制食品当作一个整体进入。那么，这个时候再做定类划分，就意味着我们要说明如果不把预制食品当作一个整体那应该从哪几个入口进入的问题。入口不同意味着路径不同，由于类别发展阶段不同，定类划分的功能和效果也不同，在预制食品这个类别中，定类划分的结果，就代表着可以进入的类别入口，也就是生意入口和路径的规划。

预制食品类别的上位类位有 3 个：冷冻类；冷藏类；常温 / 罐头类。

上位冷冻类位之下涵盖着水平类位的类别有解冻即食、熟食解冻复热、生食解冻熟制、生食解冻烹饪、净菜类等。

上位冷藏类位之下涵盖着水平类位的类别有即食、熟食复热、生食熟制、生食烹饪、净菜类等。

上位常温 / 罐头类位之下涵盖着水平类位的类别有即食、熟食复热、熟食 + 生食熟制、熟食 + 生食烹饪、生食熟制、生食烹饪、净菜类等。

做完定类划分之后，有两个概念的内涵要进一步统一。第一个是预制食品这个类别到底涵盖了哪些东西，这个是需要统一认识的，否则在沟通中就难以统一思想。预制食品内涵：饭 + 菜 + 点 + 料这个 4 个类别范畴，如果再进行细分，那么饭里面就包含主食 + 特食等；菜里面就包含主菜 + 小菜等；点里面就包含点心 + 小吃等；料里面就包含复合酱料 + 液体原料等。

第一个概念统一完了之后，接着做第二个概念的统一。上面咱们说了 4 种吃预制菜的形式，分别是即食、复热、熟制、烹饪。

第一种比较好理解，就是直接吃。后 3 种的差别就不那么好理解了，我们一个一个说明。复热，就是买到的东西本来就是熟的，需要给它重新加热，如果不热也能吃得下，那也可以凉着吃。熟制，就是买的东西是生的，除了可以生食的东西，都需要给做熟了之后才能吃，但是熟制这个过程就比较简单。烹饪，就需要有一定的做饭基础，最起码的要求就是了解下料的基本顺序，以及能够从事一些基础的烹饪动作。

营销科学原理下所做的定类划分，与大家平时看到的行业报告里的定类划分有些不一样。是的，这是我们自己重新依据消费者端口的需求和认知做的定类划分，是为了更容易说明行业格局和解释行业现象。

在新的定类划分范畴下，已经可以形成一幅完整的到消费者预制食品类别生意路径图谱（见图 5-2）。

第一个层级是到企业还是到消费者的大决策。第二个层级是到消费者之后，预制食品的含义是哪些具体的维度，它们分别是：饭 + 菜 + 点 + 料，以及各自层级底下的种类繁多的单品，这个是到消费者预制食品的内在意义。接下来第三个层级就需要在到消费者预制食品的范畴和含义下作定类划分，分别是冷冻 + 冷藏 + 常温 / 罐头，以及各自层级底下的不同类型种类繁多的产品。

这 3 个层级确定后，我们在到消费者所在的第一个层级的大前提不变的条件下，第二个层级和第三个层级的组合，就能组合出无数个单品和以单品为基础的系统化产品结构组合。

图 5-2　预制食品定类判断图

　　至于如何评价根据这个层级做出产品组合选择的对错，前三个层级是评价不了的。涉及了实际运营层面的问题了，紧接着第四个层级就是生意效率这个评价指标，分别包含了企业端和人群端两个维度，两个端口要互为依托才能对生意进行综合判定。企业端口一侧包含了 3 个维度指标，分别是产品、价格、渠道，这是上面的分子，下面的分母分别是生产、仓储、物流、运营等大的维度。前 3 个层级确立了做什么产品，第 4 个层级需要确定的是这个产品的价格多少，在哪些渠道里售卖。产品价格渠道三项指标共同组成了生意前端的一部分，其背后需要算的则是成本和运营的账。

　　生意前端的另一部分的评判维度是消费者端，是一个维度指标，一是需求，后面拖的 4 个维度分别是认知、行为、习惯、强度，这同样也是上面的分子，下面的分母则是复购和频率。需求维度我们需要考虑的前置指标就是日常刚需还是非日常刚需，在到消费者预制食品类别如果是非刚需类型的产品，就需要慎重考虑。因为只有日常的刚需，复购周期和消费频率才能有一定的保障，并且受外部环境变动影响的概率才能降低，同时也决定了人群的基数，也就是市场规模的大小。广谱性的日常刚需，除了与产品有关外同时也与定价有着直接的关联。

　　第四个层级所涉及的生意效率问题，同样需要第五层级进行判断，里面有 3 个指标，分别是成本、收益、效率。这 5 个层级形成了完整的选择评价指标体系，从决策入口到路径选择以及最终的成本收益，都给了相应的评判框架，在这个分析框架里算就可以了。我相信，任何做到消费者预制食品类别的企业，他们都跑不出这个分析决策框架的范畴。

我们把这个分析图谱看成一个数学中的等式的话，前面这 5 个层级还只是等式的一边，等式的另一边还有 2 个维度的评价指标，分别为自生存活率 + 发展前景（或者叫作类别容量）。只有这样，一个生意评判的等式才算完整，对于整个评价体系的准确性和实用性，也有进一步的提升。

这就是整个到消费者预制食品从营销科学的视角出发，大的逻辑分析框架，对于决策和理解到消费者预制菜这个类别应该会有相应帮助。如果是为了做商业决策，那么就不能停留在第一层级，甚至是要忘了第一层级，从第二个层级进入，然后再向下思考，直至到等式的另一侧，从而做出相应的决策。

## 第四节
# 形式化创新与价格临界点

　　预制菜的产品形态不是近几年才有的，包括它的渠道形式都是十几二十年前就已经出现了。2000 年左右在菜市场里面，那种小柜台或者小推车档口，里面就有抹上了酱料的生的肉菜，回去锅里放上油和爆锅的材料把买来的生的肉菜放进锅里炒就行了。类似的产品形态，在 2014 年到 2016 年外卖初兴的前两年时间，又以气调包装的净菜类产品形态，通过外卖入户的渠道形式，短暂存在了一段时间。当取消补贴后，此类预制食品逐渐淡出人们的视野。通过种种迹象不难看出，人们难以养成预制食品行为习惯，不仅是时间和力度的问题，更重要的是介入方式出了问题。

　　时间再推到 2022 年，以预制菜为预制食品类别主打的独立渠道品牌舌尖英雄，以雷声大雨点儿小的发展路径，如同之前的品牌一样，在消费者端市场并未掀起任何浪花。

　　无论是产品形态的变化，抑或是渠道类型的改变，种种关于预制食品的类别发展历程，都没有让预制食品在消费者端形成规模化和系统化的正向发展，反而是节节败退。

　　预制食品从企业端的占比和增量，和消费者端的不顺利，以及群体消费者对预制菜的群体性负面认知，进一步证明了预制食品类别生意，更加适合从企业端进入，作产业化的系统性布局。前端涉及了农林牧渔，中端涉及工厂产研和产业配套等，这也是为什么资本青睐预制食品类别的内在原因。一方面在资本以及效率的要求下，预制食品产业必然向着增长的趋势迈进，以规模化集约化的生产方式重构餐饮供应链、农林牧渔原材料，直至家庭饮食。

如何找到预制食品类别，到消费者端的高效率的商业路径，是这个类别无法回避的核心问题之一。首先要解决的问题就是类别介入问题，也就是消费者认知这个产品的信息要划定到哪一类分类系统中去？预制菜类别事实上已经是负面和矛盾的集合点了，就如同在 2014 年前珍珠奶茶类别发生群体性负面认知类似。2014 年后新茶饮的崛起到现今的发展局面，是因为在新茶饮类别发展初期就摒弃了珍珠奶茶的类别名称，它是以奶盖茶或奶油茶等新的类别信息进入消费者的认知，进而绕开了原有类别的负面认知，哪怕产品里还有珍珠，当人们的行为普及后，认知便会逐渐被修正或还原。

人们对预制菜类别的负面认知已经是事实，这是需要绕开的障碍之一。同时，预制食品在终端消费者认知中，并不能在其类别化认知系统中建立起具象的类别认知，预制食品是超位类位范畴，囊括了巨量的信息，所以无法对应到相对具体的能够产生需求的具象产品或类别，所以这种需求是散落在预制食品下辖的不同的具象类别里，而不能够在超位类位里产生具象需求。也就是说群体消费者的需求路径，并不会经由预制食品这一超位类位环节。人们需求的是速冻水饺，速冻水饺就是一个水平类位的类别，速冻水饺类别就可以对应到消费者的需求上，再往下不同消费者喜欢更细分的馅料的话，也不影响需求对应的速冻水饺类别。而这个需求路径中，并不经由一个叫作：预制速冻水饺的类别。其他类别也是一样的，带汤料包的螺蛳粉是水平类位，人们对其产生需求，但是不会经由一个叫作预制螺蛳粉的类别。虽然在产业统计上来算，速冻水饺和带汤料包的螺蛳粉类别，都可以统计进预制食品类别。

预制食品进入消费者端市场的前提就是不能以产业统计的类别名称，作为显性的消费者类别认知名称。而是要让"预制"回归技术环节，从"食品"维度直接切入需求，通过预制技术介入食品，转化出食品形式化创新的新成果，把具像化的食品形式创新成果置入到不同的需求对应的场景中去，从而基于预制技术实现食品形式成果的定类创新，进而开创出全新的类别。这是进入到消费者预制食品类别的战略指导方针，从对信息的物的传递上，杜绝预制作为产品的定类信息表达形式。通过二级和三级的路径决策结果，触及消费者切实需求。

到消费者预制食品在群体消费者需求层面面临的问题，可以总结为食品形态及复热形式和场景需求强度，以及食品口味还原与群体消费者心理接受障碍，和价格接受的临界点问题。

我们先从群体消费者的需求维度来做论述，还是要重申此前的结论，消费者的心理接受障碍主要集中于预制和预制菜，在主体商品命名中只要剔除词语，就能大幅度减小甚至彻底去除心理障碍。例如，速冻水饺要比预制水饺的心理障碍要小很多，甚至没有障碍；自热小火锅就要比预制小火锅或预制菜小火锅要容易接受得多。不强调预制食品超位类位信息，只着重强调水平类位产品信息，这是消除群体消费者心理障碍经由实践验证的最为有效的规避办法，甚至有可能是现阶段唯一可行的路径。

价格需要从两个维度其切入，传统类型的预制食品的价格需要着重参考现有市场价格带范畴，依据产品和企业自身的竞争策略做产品定价，这一维度相对较为容易确定。创新类型的预制食品的价格，因为产品的类型化创新而没有一样的产品去作为市场价格的有效参照，定价策略考虑维度就变得复杂。因为消费者在比较价值中对价格进行认知时，思考的维度会更加分散，而不是只在同类价格带内部进行比较，对相似类别解决方案价格综合比较后，才能确定最终定价。

我们分析得出的预制食品的 5 个维度需求和 2 个负面担忧，分别是购买便利、储存便利、吃得便利、口味相对现做还原、价格相对现做便宜；担心食品安全、担心营养保留。便利是核心基础，口味还原程度是复购保障，相对现做便宜的价格是初次和持续购买的前提。那么其他的需求，在预制食品超位类位中则无法更加具象，需要依据预制的食品去具体分析，因为预制麻辣小龙虾的需求满足与预制梅菜扣肉的需求满足必然是不同的。直接的做法就是分析具体食品类别的需求，再用预制的需求作为定语去对食物需求做描述。

同样一款食品，预制食品要比外卖食品便宜。用米粉类别举例，例如一碗粉主流外卖点餐的价格是 25 元，那么预制食品的粉就要低于这个价格，一般正常的价格带范畴的定价会是现做外卖粉的三分之一到三分之二之间。但是在预制米粉（料理包类米粉）类别产品上市初期，由于品牌效应和尝鲜效应，以及消费者对类别价格没有明确认知，价格可以做到外卖现做米粉九成左右的定价，后面随着众多同类企业逐渐进入，主流价格带范畴逐渐拉低，企业开始用不同口味用料成本差异拉开市场定价间隔，同时开始逐渐回归各个企业能够接受的正常毛利区间。

如果基于预制食品的复热优势和细分场景的产品定类创新，那么相同类别不同产品形态的产品，预制食品由于填补了场景空白，定价则可以相对走高。

关于 2 个负面担忧，企业需要做好营养标准和安全标准信息的被动展示即可，用背书的形式不主动提及，做成被动的内文性质的描述。这里的主要矛盾还是涉及预制菜的负面联想问题。

现阶段我们在对预制食品做定价时有一个不可忽略的前提：预制食品本质上来说是一种降级型的解决方案，而绝不是一种升级型解决方案，这是很多企业主忽略的一点。单就产品解决方案来说，现阶段预制食品的口味依旧无法还原出现场制作出锅的食品口味，加之心理因素的影响，这个印象就会更深。

以居家场景为例，预制食品的购买便利性与买菜和点外卖基本一致，但是多数情况下预制食品是提前购买；存储便利性几乎与买菜没有差别，外卖则不需要存储；吃的便利外卖高于预制食品高于全部自己做菜。口味还原度上有差距，预制食品最差，与自己做菜相比，算上时间成本和损耗价格上仍要略贵一点，与外卖相比确实是相对便宜。这样比较下来，在居家场景中预制食品的优势并不明显。

对降级型解决方案的定价，用相对低的定价介入效率相对较高，一方面是低价降低了初次尝试门槛，同时可以在购买力层面为行为习惯的长效建立予以支持，另一方面是留足了市场规模增量空间。价格门槛降低后，更容易发挥出类别便利性的优势。

在口味相对现做还原和价格相对现做便宜的前提条件下，到消费者预制食品的产品，总的来看有 3 条路径有较高的生意成功概率，3 条路径各自代表着不同介入行为的路径差异。第一条路径是传统预制食品类别，不仅有巨大现存市场基数，同时仍有需求升级和市场增量的空间，并且不需要应对消费者对预制菜类的负面认知。饺子和包子等蒸煮类、丸滑和调理肉等火锅类、小龙虾和卤菜等菜类产品，可以在现有产品下做创新升级，并且更加容易做竞争。还有对传统方便粉面进行升级的那些产品，将调料包改良为料理包，都是同样的原理。这个路径下有较强的消费者端品牌创立的机会，从执行性上来看较为有参照性。

第二条路径是适配新的家用厨电，做产品形态的二次创新。比较明显的趋势是炸制类食品随着空气炸锅和烤箱的普及，消费者消费行为增长较为强劲。例如小酥肉、芝士虾球、烤肠这类在外面堂食时几乎必点的小吃，在居家场景用普及的烹饪器具是可以做到高频乃至刚需的。炸制预制食品的增量与空气炸锅的增量数据趋势几乎是一致的，空气炸锅大大简化了炸制食物的烦琐不便的操作过程。

第三条路径是基于场景为基础，用形式化创新的产品占据原有场景的解决方案的市场空间。例如预制食品类别之下的自热小火锅，就是一种新的产品形态，它在一定的场景下是能够成为刚性需求，成为某些场景下的常备和必备的生活物资。自热小火锅就是用预制作为工艺，自热突出便利，用形式化创新做出新的产品形态触动消费者需求，在不反认知的前提下能够让消费者养成一定的行为习惯。

继续类比，可以发现外卖和预制食品类别的产品在解决消费者需求层面，在便利性需求这一条上是完全一致的，场景也是部分重合的，那么对价比较就很重要。如果点一份冒菜外卖 30 元，而买一份自热小火锅也要 30 元，不赶时间的前提下你会怎么选？答案不言而喻。但是作为囤货和户外，自热小火锅的场景优势就显现出来了。如果从市场份额考虑，户外露营等自热小火锅的强势场景，远远小于居家饮食的场景。

那么沿着较强便利性的路径用自热的加工方式，或是即食的产品形态，做不同类型产品的商品化，那么这个类别就需要有较为明确的场景性。

同时也可以切入家常菜、下饭菜这个刚需低价高频的场景，但是这是一个探索阶段的产品类型，需要做出产品形态的定类创新出来，并且做出相应产品标准的创新和设定。

第四条路径是与上文相反的做法——做特食，比如是做那种大菜、特菜、难菜、贵菜，满足特殊场景下的消费需求。特点是在场景差异下，将降级型解决方案转换为升级型解决方案。例如，一道佛跳墙，饭店提前预订让厨师做一定是最优的解决方案，但是在特殊节日下的居家场景里，自己做的时间成本和失败概率是相当大的，这个时候一份预制食品的佛跳墙端上桌后，就是众多菜品中相对高端的餐品，一瞬间预制食品佛跳墙，就在场景差异下由降级型解决方案转变为升级型解决方案了。如果出品方是闽粤地区知名的酒家，那么正宗感受将会把这份预制食品佛跳墙，提升至极高的认可程度。

如果没有知名酒家的背书，那么这条路径需要逾越消费者不信任的决策障碍，因为尝试成本过高，那不仅是对购买价格，更是对使用中多人在场时的"翻车"担忧。

这是类别面临的通病，而这种情况下类别环境必然是好坏充斥，往往因为不好的价格相对便宜，形成了其销量占比相对高一些的局面，之后的连锁反应就是不信任的加剧导致人们更加谨慎，并且消费者对此类产品的价格认知会向上调整，购买决策时自主消除掉低价部分的产品。这个时候对商家的要求为三，一是显性标注，对食材产地要求做到显性标注，对选用产品类型做到显性标注。二是翔实准确，对工艺流程做到细致准确的说明，对食材本身做到详细说明，例如海参是哪里产的、多大的、是鲜的还是干的等，做到事无巨细，用重构出的信息的物打消消费者一部分担心。三是阶梯定价参照，价格是相对的，同时价格是价值的显性判断指标，甚至某些情况下，价格是价值唯一的判断指标。那么，在做产品规划的时候，做到用价格阶梯对应到原材料等级差别上，从而辅助消费者进行选择判断。例如，佛跳墙单人份产品，有卖 99 元 / 份、159 元 / 份、299 元 / 份的产品，里面分别用的是海茄子、不出名产地的海参、辽参，这个时候消费者就知道了价格对应到价值的哪一部分了。

汤包类的调味底料，在区域特产全国化趋势之下增量也不可小觑，糟粕醋、酸汤底料，同样有尝试的机会。特别是建立完整化的商品完成形态类的解决方案，尤其是产品形式创新上的机会较为突出。什么叫作完整化的商品完成形态？有几种情况，例如某奶茶，相比于普通的速溶奶茶来说，其只是多提供了一个杯子，它只是一个中间型的过渡解决方案。再看现做茶饮，消费者付完款买回来就直接喝了，这叫完整化的商品完成形态。再比如速冻饺子，它把前面的包饺子的过程帮你完成了，你自己煮就行了，因为它解决了吃饺子过程中最烦琐的包的过程，也可以叫作完整化的商品完成形态。

工艺方向上目前来看，冷冻和常温 / 罐头类预制食品的方向，是较为容易进入的。冷藏类预制食品相对较难，适合有企业端基础的企业去尝试。

无论预制的食品是可以解决一餐、一菜、一主食、一小吃，抑或是原料等问题，是便利性解决方案，或是升级型解决方案，或是补充型解决方案等，都要着重考虑进入普世场景下刚需高频或特定场景下刚需高频的类别中去，并且在与相似类别或者同类别的解决方案比较时有不可替代的优势，这样生意效率的反馈将会更加积极。

到消费者预制食品在渠道建立上，从 2024 年开始在之后的

10 年时间内，以预制食品超位类位的独立门店渠道成功概率较低。并且预制食品的需求更加集中于一、二、三线城市，因为三线以下市场的工作节奏和人居形态以及商业形态，对以便利性为核心的降级型解决方案的需求并不强烈。除此之外现象级的爆品会通过需求延伸而带动预制食品的铺货渠道下沉。

实体类渠道在产品陈列位置上，应在相似类型产品或是相似应用场景产品附近陈列，同时在陈列中需要做特型展示，从而在远端就能吸引到消费者注意。并且在中距离能看到的地方，凸显出比较价值信息。在近距离处多给到细节的描述信息，尤其是使用信息的细节描述和图示维度，争取在最短的时间内让消费者看明白并了解清楚；细节信息最后，通过对安全营养类等防御型信息的正面积极的描述，打消消费者对预制食品安全营养方面的负面顾虑。

线上类渠道要抓住信息传播量大且容易汇聚特定群体的特点，适应渠道媒体化的范式转型，抓住媒体渠道化的扩容路径，利用渠道和媒体合一的趋势，通过信息的物对实体的物的重构，驱动消费者购买行为的高效转化。

前期在渠道选择上，单一渠道突破做样板效率要优于多渠道或者全渠道铺货。重要的是通过卖货产生口碑效应以及行为认同，最终要建立起群体消费者的食用行为习惯。

# 第六章

# 现做茶饮类别营销分析

第一节

# 定价改变意识形态与类别价值重估

任何一个类别在实现了二次转折性发展并达成了类别规模倍数级增量时，其中关键的节点与驱动核心，都是必然要被着重研究与分析的。然而在现做茶饮类别的发展过程中，却鲜有人提及和分析这个节点。我想这并不是相关专业人士不想提及，或是故意忽略，而是现有的营销学科方法，并不支持人们对此类营销事实进行发现而已。

现做茶饮类别规模能够实现倍数级增长，核心驱动力就来自于两个代表品牌的定价战略的成功。因为在此前一个时间阶段，奶茶或珍珠奶茶这一类别，在群体消费者认知中是一个负面的类别。珍珠和奶以及茶分别出现了一系列负面事件，导致了人们对其负面认知更为严重。三者的负面影响力，是从高到低排序的。中小学生父母口中的垃圾食品的归类称呼，更能直接反映出人们对其负面的态度。然而这些在类别发展过程中的事实，人们在当下几乎都不会提及，好似类别一开始就被人们以一个正面的认知迅速接受一样。但是，我们做营销分析的过程中，并不能缺少了时间尺度。因为对类别是如何走出这一负面困局的原因分析，就能找到驱动类别在这个发展阶段的主要因素。

那么，如何能够在短时间内迅速扭转人们对类别的负面认知和评价呢？在商业（供给端）三要素①里，只有改变价格这一变量，才能够结构性扭转人们对类别的负面认知。现做茶饮类别里就是以超高定价为核心，迅速实现群体消费者对类别的负面认知和评价的扭转。因为，价格是判断价值的核心指标之一，甚至在某些时候是唯一指标。同时，价格是一种较为容易传递出去的社会判断尺度，认知和理解起来都较为容易。所以，通过超高定价才能在短时间内迅速扭转人们对类别的负面认知和评价。进而实现类别价值重估，使得同类参与者会转移至类别价值重估后的路径中继续发展。**类别价值重估是重要的营销观念，是对一类商业现象规律性总结的营销科学观念，尚属首次出现在营销类的刊印出版物里。类别价值重估就是：通过某种方式，促成一类人意识形态的集中性转变，使群体消费者改变了对某一类别的价值评判结果，同时基于新的类别价值评判结果，建立了新的类别认知和判断以及价值标准。**我们要关注此类类别价值重估的商业现象，这是一个重要的营销分析时判断的标准，类别价值重估的可能性空间，是创造新类别的核心指标。大体可以分为3种类别价值重估现象：像是现做茶饮类别，就属于是类别价值全部重估；淀粉肠类别，则属于部分类别价值重估，实现于二次处理加工环节；鸡蛋类别在土鸡蛋后，出现的可生食鸡蛋类别，则属于定类细分中在新类别创造时，实现的细分类别的类别价值重估。一般在消费品市场，类别价值重估的难度是依次递减的，类别价值完全重

---

① 产品、价格、渠道这三个维度是供给端的商业三要素。

估一般情况下很难实现，往往伴随着较长的时间以及较多方面的正向投入。像是在现做茶饮类别在如此短的时间内，实现大范围类别价值重估的目标，在商业现象中都属于较小概率的事件。并且，是在无硬性科学技术作为底层驱动的消费品类别中，实属更加少见和困难。

果不其然，类别定价问题，在2020年又成了现做茶饮类别格局转折的导火索。人们曾经对某两个茶饮品牌，在2020年上调定价后表现出较大的抵抗情绪，随后又因这两个茶饮调低价格，而被说成此前高价是在"割韭菜"。此次事件对这两个茶饮品牌的影响，持续了近一年半的时间。就在这个时间档口，现做茶饮类别从原有的"两超一特一大"的局面，转变为"乱世争霸后群雄割据"的局面。

当现做茶饮类别实现类别价值重估以后，类别发展的主要驱动将会逐渐从原型样例类产品，逐渐做不同方向的定类细分，同时向产品以外的更为多元的方向进行发展。对于群体消费者来说，这是一个从认识到熟悉再到需要特色吸引的刺激路径节点转换周期。

所以当我们在做营销分析时，永远也不能舍弃掉时间尺度的范畴，如果丢弃了时间尺度，就等于失去了营销事实的整体性，局部性或阶段性的归因和结果，往往是不具备有效性的。相当于盲人摸象一样，在不知道宏观的前提下，一切微观的判断较大概率是错误的。

　　本章的论述将会以对类别的结构性和系统性分析为基础，同时做现做茶饮类别的问题和发展方向及路径的预判。路径线索向前延伸至原叶茶类别，并会对原叶茶类别做简单的论述分析，直至现做茶饮类别不同阶段的发展路径。以此建立对现做茶饮类别的宏观认知，从而实现对类别发展的和未来更有效的判断。

　　笔者从 2011 年开始关注现做茶饮类别，并且在 2017 年和 2020 年分别通过两个营销咨询项目，做过现做茶饮类别的营销咨询项目，同时在其他相关类型的项目里，也有过间接接触。2022 年又系统性的做了深度营销分析，在类别此后的发展过程中，做的预判定论，多次被市场验证。几乎是提前一年半或者一年，预判了类别的发展趋势和方向，以及个别品牌的个体发展路径。本文的基础就是笔者此前视频内容的文稿，对类别论证的描述做了更加严谨的修正，同时增补了部分实效性内容，并且基于落笔时间，做了类别未来的方向性预判。

第二节

# 群体认知与消费行为的扭曲

从营销科学原理视角出发的定类营销发展战略分析，和一般的营销论述会有本质上的区别。一般营销论述的基点几乎都是某个品牌，以这个品牌的发展为主，再外扩它的几个竞品进行横向比较分析。但是定类营销发展战略分析首先是不会以任何品牌为基点，而是以品牌所在的类别为分析基点，类别发展的规律是我们主要关注的维度，类别变量是驱动品牌发展的核心因素，某些品牌会作为类别发展的驱动因素的代表去作用于类别发展，看似是品牌驱动类别发展，实则是品牌符合了类别规律才能够发展起来。某些品牌恰好承载了类别需求，消费者则通过品牌去实现自我类别化需求的满足。品牌先是创建了类别，然后这个类别恰好满足了普世的群体需求，而后在类别化需求的演化发展过程中，每一次突变都是以个体品牌所呈现。

也就是说，群体消费者需求的产生是一个复杂的衍生过程，需要在某个特定时间节点才能被激发出来。正因为消费者多数的需求衍生都是基于类别的类别化需求，而并非是品牌化需求，才能使得在这个群体规律变迁过程中，有一些可以进行分析预测的切入角度。类别化需求是不可替代的，而负责满足类别化需求的品牌则是可以被替代的，所以类别对品牌的胜利是永恒的。服装品牌倒掉了多少，也不耽误人们少穿一件衣服；餐饮品牌倒掉了多少，也不耽误人们少吃一顿饭。哪怕是开创了现代奢侈品类别的 LV 倒掉了，同样也不耽误人们少买一件奢侈品。品牌需求是类别化需求里的具象化结果体现，而并非是需求的事实。套用一句俗话来说，就是品牌需求就是现象，类别化需求才是本质。类别之永恒对品牌之现象，分析哪一个对事实的把控会更准确？结果不言自明。

想要看懂现做茶饮类别的群雄争霸的现状，不能单纯依靠分析热点现象就直接得出结论，现状背后是有着诸多复杂成因所驱动的。

不理解类别内部发展的规则，就无法有效解释影响类别发展的具体原因。只有这样，不但能看懂消费，还能看懂为什么消费，以及看懂未来可能为了什么而消费。

想要做定类发展战略分析的前提是要先做**定类划分**。奶茶类别定类划分并不复杂，一共可以定类为 3 个主要类别，我们按照市场普及度的规模依次来进行说明。

## 第一类：现做茶饮类别

主要条件就是现做的以茶为基底类的，新型的以真茶、真果、真奶为产品基础的茶类饮品，这就是本章主要研究分析的类别。

## 第二类：速溶奶茶粉类别

是和速溶咖啡几乎相同的形态，类比速溶咖啡粉类别的发展路径来看，速溶奶茶粉类别现在还没有精品速溶奶茶这个类别的品牌出现。至于是独立新品牌的机会，还是现有现做茶饮类别品牌的产品形态定类创新的机会，笔者认为都有可能。

**这就是做定类划分的意义之一，不仅能明确自己所处的类别，也能通过定类划分进行跨类别比较，还能借鉴相似类别产品形态的研发思路。**

在这个类别里有一类特殊的存在，就是杯装速溶奶茶。相比于普通的速溶奶茶来说，这类产品只是多提供了一个杯子，并不能直接成为**完整化的商品完成形态**。以我们的研究判断，它只是一个中间型的过渡解决方案，随着低价格现做茶饮的渠道布点下沉到乡镇级的市场，乃至于村屯级市场之后，这类产品生存空间将会被大幅度挤压。

因为这类解决方案它的主销区就是在三线及以下城市和乡村。所以我们不用考虑一、二线城市。

**那么什么叫作完整化的商品完成形态？** 我们可以例举几种情况进行说明，例如现做茶饮，你付完款买回来就直接喝了，这叫完整化的商品完成形态。再比如速冻饺子，它把前面的包饺子的过程帮你完成了，你自己煮就行了，因为它解决了吃饺子过程中最烦琐的包的过程，也可以叫作完整化的商品完成形态，一系列半成品预制食品都是这个路数。

再看杯装速溶奶茶，你就会发现它给了你前端：茶粉；后端：杯子。但是最尴尬的是什么？有头有尾的解决方案就是没有中间，饮用场景就会受到非常大的限制，大家想一想，你但凡在一个能有开水的地方，大概率是能找到杯子的，那么杯子作为解决方案的一环本身就没有意义了。

虽然没有意义，但是它仍然有其短期价值。这种产品形态可以提升速溶奶茶的价格，让消费者对标到现做茶饮的价格后，使自身有较高的价值感受呈现。**但是，归根结底这类解决方案只是市场层级差距之下形成的过渡型解决方案。**

有读者可能立刻会联想到，桶装泡面就是相似的产品形态，为什么它可以卖？简单来说桶装泡面与杯状速溶奶茶完全不同，其差异是场景和刚需两个因素叠加造成的。桶装泡面出货量较多的渠道之一就是交通枢纽，这个时候容器就不容易找，但是火车和火车站以及机场都是提供热水的。并且，吃泡面就是吃饭，是刚需产品，杯装速溶奶茶则不是。

## 第三类：瓶装奶茶饮料类别

是很多知名饮料品牌都出过了的产品形态。

做完定类划分后，剔除了众多干扰项，我们就可以在一个共识的范畴内进行进一步的分析工作了。要做现做茶饮类别的定类发展战略分析，我们就要穿越回 3000 年前，寻觅茶叶发展历程的关键变量节点。

为什么研究现做茶饮类别需要穿越 3000 年，而研究咖啡只需回看 30 年的原因？因为对于中国人、中国市场来说，茶与咖啡到底是不同的。咖啡是外来食品，我们只需要关注它在商品化阶段进入中国的时间，以及在发展过程中产品形态的变化即可。而茶则不同，它身上承载了千载的中国文化，它是随着中华文明成长起来的类别，对于所有在中国文化里长大的人来说都或多或少承载了，茶在文化上基因型延续，简单来说就是刻在骨血里的。

记得我小时候见过的一个茶庄，门口有一副对联，上联书：美酒千杯难成知己；下联书：清茶一盏也能醉人。从老舍的《茶馆》到王旭烽的《茶人三部曲》，从苏轼的"休对故人思故国，且将新火试新茶。诗酒趁年华"到纳兰性德的"被酒莫惊春睡重，赌书消得泼茶香，当时只道是寻常"，从商周的解药到唐代《茶经》中的嘉木再到现代的现做茶饮，不管你愿不愿意承认或者感没感受到，中国人至少有一部分生命情感是要寄托于茶之上的。

此前就强调过，**文化认同是产品认同的前提**。在这里，我们通过上面的论述要说明另一个观点，就是**没有一种东西能比从小就吃的东西更好吃**。进一步来说就是**没有一种东西比你认为好吃的东西更好吃**。大家要注意，两句话描述的对象是不一样的，第一句描述的是物理上的习惯，第二句讲的是文化上的认同。基于以上论述，理论上可得：中国人对于茶在文化上认同，在口味上无障碍。

在餐饮类别营销分析框架里，前两个维度我们已经从理论分析上得出结论了，而且在我专门主持过的 6 个纯茶项目和两个现做茶饮项目的营销战略研究工作中，调研环节验证并支持了理论分析的准确性。

调研结果分析显示，绝大多数参与调研的消费者都认同茶文化，同时也认为茶是一个好的饮品，这里好的内涵多指向健康，同时带有某种功能性的认识，功能性是茶类别得以发展的重中之重。而且不仅是在茶类别，中国人对于食品的功能性认识是积极和深刻的。

数据反馈，一旦把认知和行为的数据交叉分析后，就会发现里面的认知与行为之间的扭曲。虽然大家都认为茶好，也喜欢喝，但是实际喝茶频率却非常低。基本上以 32 岁为界限，32 岁之后喝茶频率开始向上提升，男生比女生提升更为明显；32 岁之前被动性喝茶的次数略高于主动性喝茶。这是茶叶类别调研显示出的问题，严格定义这个现象，即是**认知优质，行为阻塞**。

总结出来行为阻塞一般是三方面原因造成的，**一个是形式阻塞；另一个是场景阻塞；第三个是购买决策过程阻塞。**

通过解读数据我们可看到在对茶类别的认知上，没有明显的年龄和性别差异，但是在行为上却有明显的年龄和性别的差异，这里就说明了两个问题：

（1）泡茶的饮用形式不符合现在年轻人的需求，这个需求是多维度的，包括形式本身，例如过程太烦琐，也包含拿取携带的便利性等限制。

（2）场景对饮用频率的限制，不便于随时操作等。同时在对茶类别发展路径和舆论导向两方面的研究中，也可以发现购买决策过程的阻塞，这个我们后文会详细说明。

分析到这里，我们可得一个大的结论：茶类别拥有 1 个极为强势的认知优势，这个优势包括了文化上的认知优势和功能上的认知优势 2 个维度，以及 3 个极为强力的行为阻塞。

我把这个大结论简化一下，**方便大家记忆：茶类定类分析结论 123。** 即 1 个认知优势，内含文化和功能 2 个维度，3 个行为阻塞，形式场景和购买决策。

正是有了这个 123 的结论，所以，**我们在做现做茶饮类别的定类营销战略分析时，并不是从饮品饮料的路径进行分析，而是基于茶类的商品化形式的衍化路径切入分析；这个背后隐藏的是茶类的饮用形式和场景的变迁过程的规律。**

切入角度不同对分析路径的影响到底有多大？为了大家便于理解这个差别，这里引入一个营销科学原理中的的名词**"类位"**来帮助大家理解。类位，简单来说就是类别的位置，类别之间有着相应的层级关系，是集合与子集的包含性质。并且为了营销分析的便利性，类位中类别间的层级关系是动态变化的。既然有动态层级划分，那么每个类别的类位动态，就会以单次分析中，最高类位的类别为基准。

可以看一下以下三个问题，饮料，算不算类别？茶饮，算不算类别？现做茶饮，算不算类别？

结果是：以上3个都算是类别。读者们应该有发现，这3个类别有一个趋势，就是越来越聚焦。当我在说饮料的时候，白水、酒等其他类别的喝的就被排除出去了；当我在说茶饮的时候，那些非茶类的饮品就被排除出去了；当我在说现做茶饮的时候，那些瓶装茶类饮料就被我们排除出去了。

通过这3个问答可以发现，说的3个类别的类位分布是有层级关系的，在这个局部类位层级分布图中，它们的类位关系可以表现为如图6-1所示。

图6-1　茶饮类位动态示意图

为了清楚地表示它们之间的关系，需要给不同层级的类位进行类位命名，饮料可以叫作**上位类位**；茶饮可以叫作**水平类别**；现做茶饮可以叫作**下位类位**。每一个类位分布层级之间，核心属性和满足的需求是完全不一样的。饮料有饮料的需求满足，茶饮有茶饮的需求满足，现做茶饮有现做茶饮的类别需求满足。

那么上位类别之上还能有类位层级吗？答案是：有。类别命名可以叫作饮品或喝的。它的表现形式如图6-2所示。

图6-2　异国餐饮进入中国市场路径示意图

类位命名称作：**超位类位。类别层级越是向上，概念越宽泛，包容性越大，但是它的准确度会降低。有通行性，缺乏有效的准确度。反之则越来越精准。**

通过类位层级和需求之间的关系，大家就能明白切入角度对分析结论的影响程度了。

继续分析现做茶饮类别，通过类位层级图来看，必然是从茶这个类别的分析路径切入，分析结果会更加准确一些。如果这个图还不够明显，那么我们再来看一个由现做茶饮反向推导出来的局部类位层级分布图，当我们加入了一个关键原料的类别层级进来后，茶叶原料类饮品成了上位类别，饮料成了超位类别。这就是我们说的类位是动态变化的。通过这个局部的类位层级分布图，进一步明确了分析现做茶饮类别核心的基底是茶，而不是饮料。

　　前期通过较长的篇幅确定了类别切入角度问题，也就是说，进入现做茶饮类别，是要从茶叶类别进行思维，而不能从饮料类别进入思维。通过第一部分的分析，解决了第一个影响我们深度分析的卡点问题，也就是切入角度的问题之后，接下来需要更进一步，做中国原叶茶类别发展的营销分析。

第三节

# 中国茶形式和商品化三千年

中国茶类进入现代化社会后，在大的方向上基本就没有任何变化了，这就是我要引出来的第二个关键问题：**茶类的商品化非常不充分**。想要充分理解这个问题，我们得引入历史发展的视角，从宏观发展上梳理一下中国茶类的发展历程，着重关注每个变革时期的需求变化、形式变化、场景变化、发展方向的变化。

远古时期：茶叶在一开始进入人们视线范畴的时候，笔者推测应该就是普通的可食用的植物叶子而已。之后因某种因缘际会的时机让人们发现了其药用价值，使这类叶子脱离了原有的食物范畴，以功效作为驱动使其发展成为药物。

茶圣陆羽在《茶经》里的记载："茶之为饮，发乎于神农氏。"那么，茶树这种作物，最先区别于其他作物的第一个功能是什么？是**药用价值**。人们在与茶打交道的初期，主要关注的就是茶的药用价值。那么，药用价值还原到食物上就是**功能性需求**。

再往下发展，早在西周时期，巴蜀地区的茶已经成为诸多贡品之一。这说明，茶在区域内群众中有了非常大的饮用基础，而且这种自下而上的饮品，被王公贵族所接受。

　　这个时候，茶类的发展开始从阶层上开始分化成了贡品和民品两类物种。这次分化的影响结果一直延续至今。这两类茶可以叫作**阶层茶和百姓茶**。既然要进贡，那么茶的品质必然是最好的，这就直接与原产地和核心产区以及原生茶树产生了密切的关联。

　　再往后发展，秦统一六国后，各区域开始引入茶树的种植，茶树种植面积不断扩大，由于茶的大面积种植，茶的产量大增，茶在当时已经成为天子的朝堂和百姓的厅堂中日常的饮品了。

　　发展至两汉，茶市贸易已经初具雏形。这说明茶叶已经成为被大众广泛接受的饮品，同时茶叶成为主要的贸易商品。

　　茶在这个发展阶段其药用场景开始下降，作为功能性饮品的场景开始慢慢提升。同时，茶出现了贡茶和民品的森严等级之分，茶的社会性价值判断的基础，早在这一时期就已经建立起来了。

　　整个发展过程可以总结为：**茶以"药"的用途在众多树叶中一步上位，凭借其良好的药用价值和普遍的适口性，走上了"功能性饮品"的历史大舞台。**

　　三国至南北朝时期，除了阶层茶和百姓茶之外，出现并逐渐开始普及了**文化茶和礼仪茶**的茶饮形式。茶的普遍性和深入性不断扩大，茶和酒成为当时两大主要饮品，但茶的饮用场景更广，而且功效与酒正好相反，那时即有了"以茶代酒"的观念。

　　茶真正被列入仪式是在南北朝时期，上层阶级爱茶如命，士大夫们逃避现实以作诗品茶为乐，遂衍生了"茶宴"，其规矩及其严苛。与此同时，拥有四百八十寺的南朝僧侣们对茶的推崇，使整个社会饮茶之风盛行。**在这一时期，茶由单纯的饮品、药品的功能性用途，转为满足于人们的人文情感的情怀寄托。** 士大夫文人阶层对于茶在形式上的演进，起着重要作用。僧道们对茶的文化上的演绎，则使茶彻底脱俗于普通饮品。这些便是茶由饮品入道的基础。

唐代之时，茶大兴，需秉规以承。陆羽巡茶立规，最早的煎茶茶道便出于陆羽，而《茶经》的出世，则终将寻常之饮品，推向了精神世界。唐《宫乐图》所记载的宫廷侍女的茶道盛况，已经足以说明了唐茶与先前的茶有天壤之别。唐朝《封氏闻见记》中就有这样的记载："茶道大行，王公朝士无不饮者。"唐代刘贞亮在《饮茶十德》中也明确提出："以茶可行道，以茶可雅志。"

此时中国茶道确立的宗旨是：精、行、简、德。儒家的中庸和谐，道家的清静无为，佛家的静心自悟皆与茶有了密切的联系，甚至五行之说也与茶道密不可分，社会流俗里则更为简洁明了，禅茶一味点明了茶与精神世界的直接关联。

茶道在此时已经成为一种仪式，而且规制已经非常完整，衍生出茶礼、茶义、茶器等细目分支。法门寺地宫曾出土过一套完整的唐代茶道器具，也是迄今为止，世界范围内发现的最早、最完整的一套茶道器具，各种器具几十种之多。这是茶道诞生于中国的有利证据。

茶的仪式化发展，不仅是从器物形式上，而且更多是追求于茶自身的正宗性、稀有性以及独特性。茶产区、产地就变得极其重要，因为这是正宗与否的关键。如果大家仔细看古装电视剧，里面常说进贡过来的茶叶是在那个地方哪个小区域的哪棵树上，以及在什么时候采摘，谁用了什么工艺经过了多少道程序才制作出来的茶。最后说这个茶是极品中的极品，一般人买不到、喝不着。这是中国茶文化中的重要一部分，同样也是桎梏中国茶商品化发展的原因所在，这一部分笔者会在后文中详细论述。

文人士大夫们决定了茶的发展走向，就是沿着专业和正宗这条路发展，对茶的理解越来越深，深了之后参与的人越来越少，分出了层级，上层的茶路就慢慢窄了，但是上面玩儿上面的，下面的喝下面的，也就是说：厅堂上茶道诗会小盏意趣，百姓家粗茶解渴大碗豪饮，互不干扰。

这个时候茶便分化成了四大类，分别为：**阶层茶；百姓茶；文化茶；礼仪茶。**

到了宋代之时，以宋徽宗赵佶为首，在北宋后期创立点茶道，因其形式感比煎茶道更强，更适合于仪式表演，逐渐发展了饮茶修道的思想。日本将点茶道的仪式化延续至今。

到了明代后期形成了泡茶道并延续至今，虽然形式上有所简化，但是为泡茶道设计的专用茶台、茶器、对形式感的表达丝毫没有减弱，还因为其饮用形式上的改变，衍生了不同的泡法与喝法。

概括性的梳理了中国原叶茶类别的发展路径，得到的显性结论，已经足以支撑我们对现做茶饮类别进行分析。原叶茶更深度入的分析，在这里就不进一步展开了。

回顾一下中国茶的变迁过程：**由食物转变为药物，使其脱离了芸芸众叶之中，再转变为功能性饮品，并沿着这个功能分化出了上下两条发展路径，上面这一条路径发展出了阶层茶、文化茶、礼仪茶，在这个发展路径中茶的功能性饮品的属性开始下降，而贡、藏、文、礼这些脱离于茶物理属性的东西开始起着主导性作用，推动茶类别在上层的发展和话语体系的构建。**

那么下层就是百姓茶的发展路径，仍然以茶的口味和功能性为核心，类似于清热、解暑等功能为主，包括茶在晚清时对外做的海报，就是喝茶可以让你强身健体。同时，喝茶水总比喝清水有滋味一些。

这里有个关键点，那个时候两条发展路径互不干扰，上面发展上面的，下面发展下面的。上面的可以大雅，下面的亦可大俗，真正的雅俗共存。从中华人民共和国成立前的茶楼景象，便可以一窥茶生意的真相。

然而转入到原叶茶类近二三十年的发展过程中，就不是雅俗共赏的现象了。而是只发展了茶的上层路径，极少有企业发展茶的下层路径。又因为现代的饮料种类很多，茶叶不发展，一代一代的人不喝之后，茶的群众基数大范围缩减。

没得选择的时候，大家都喝茶，因为比喝水还是滋味多些的，有得选的时候就会体现出很强的代际波动，人群比例是代际式的断崖下降，经过这二三十年的变化越来越明显。

高档礼品茶叶这条路径中的人虽然少，但是他们凭借着很强的话语权垄断能力，软的像是广告、门店这些，硬的像是制定什么茶、什么叶的标准这类都算，从而控制了新一代人对茶叶的认知共识，以及控制了茶产业发展的导向，这就会导致实际大量的饮用行为与信息传输的内容截然不同的扭曲现象。看广告买茶的人不喝茶，喝茶的人不看广告去买茶。结果就是，**茶叶的下层发展路径彻底断裂。或是说作：静默式消费。**

继续顺着这点再反向推论，逻辑链条中有两个转折点。原叶茶的下层发展路径断裂之后意味着什么？意味着类别静默发展，饮用人数急剧萎缩。这就形成了恶性反馈，百姓茶大家都不做了，只一心做高端茶了。

那么用高端茶建立的所谓的茶类别的类别标准，去覆盖所有的茶类产品，必然不合适，如此，中国茶叶的利用率非常低，追求一芽一叶、一芽两叶的，根本很多茶的叶儿都长不大，这个差别就是乳猪和正常出栏猪的体重差别。由此导致的就是成品率低会形成一个稀缺性的共识，自然价格就高了。

一般大家习惯把这个问题归结为，中国的茶的标准化程度不够。但是却都没有说明为什么不够？是标准化程度上来了，就能够有销量吗？如果是这样的话，生意人太愿意去做这样的事情了。

但是，为什么没人做呢？就是因为主流话语权对于茶类别的价值引导出现了问题，只做礼品，没有民品。在现有话语体系下，难道做成立顿那样的形式就有人喝了吗？不是没有企业尝试过，而是尝试的大多数都没做出来，所以大家不知道而已。这是一个人为的利用文化，却遇到了文化反噬产品的现象。以上是第一个转折点。

第二个转折点是，茶叶的饮用量是非常慢的，一个人半斤茶要是按照正常量来说，零零散散的可以喝1~3个月的时长，可能饼茶消耗快一些，叶子茶消耗慢一些。又便宜消耗量又慢，饮茶人群基数又在萎缩，复购周期又长，是不是就更没有钱赚了？目前的局面就是一个相对来说的死循环。

这里面同时隐藏了另一个小问题，也是原叶茶类别面临的第二个问题。就是无论高端茶还是百姓茶，味道的好坏不容易评判，它的很多价值和感受都体现在这个东西的背景上了，一般人很难评判。哪怕找一个懂得相关专业的人去盲品，大概率能喝得出来100块一斤的茶和1000块钱一斤的茶的差别，但是也很难辨别出10 000块钱与1000块钱的茶的差别。直观感受很不明显，差异性又没有那么大，但是它的价格差距又很大，这让消费者很难去进行购买决策。这类非刚需的产品，消费者在购买决策时遇到过多阻碍后，就容易放弃，不会耗费过多精力在选择过程中。

但是，这不是中国原叶茶类别独有的问题。洋酒等类型的产品，同样存在着这样的问题，所以他们靠规则去维持类别的价值阶层。中国原叶茶类别，需要一个或一类拥有能够建立标准系统的品牌，加上亲民的价格设定，还要能够实现原叶茶类别的商品化完成形态的目的，才能突破这个循环怪圈。恢复群众饮用基础，并形成相应量级的话语空间。

笔者在这里并没有否认发展高端茶不好或不对，而是认为单发展一条路径是有问题的，而且需要尽快调整扭曲的问题。归其原因，其实中国茶类别的第三个大问题就是：**茶叶商品化的形态问题没有解决**。现在占多数的茶叶售卖情况还是散茶现称，称好了给你用塑封机封一下口，装在盒子里面去。哪怕你在网上买到的所谓成品包装的茶，但是商家依然也是按照散称茶的卖法去卖，这里不是简单的加一个包装的问题。当然，不能用那些高端的茶来比，广告里出现的那些都是礼品茶，不是喝的茶。这一部分也不再做展开了。

从上面描述的一般的买茶过程可以发现，现在在卖的茶几乎全都是物产化的茶，也可以理解为特产化的茶，这样容易理解但是比较容易理解错误，所以我还是用物产化这个词来表述。

**从物产化到商品化再到品牌化这个过程，其实就是供需两端价值共识不断普及趋同、消费者评判产品指标不断简化、消费决策过程不断缩短的过程。而物产化就是大家需要极为丰富的历史、地理和茶类的专业知识储备，才能评判这个东西好不好，这样的话整体的商业效率就会低很多。**

最后影响最为直接的原因是主流饮茶的形式，已经几百年没有改变了，过去的饮用形式是否能够适应现今的场景和社会环境呢？从现今茶叶类别的发展结构来看，至少不是全部适应或大多数适应，就说明至少还留有较大的改进空间的。

回顾一下影响茶类别现今发展的 3 个问题：第 1 个问题是两层成一层，茶叶的下层发展路径彻底断裂。第 2 个问题是价格与价值的反馈并不直接，但是价格的区间却拉得非常大，导致人们无法选购和决策。第 3 个问题是茶类商品化的形态问题没有解决，进一步来说就是旧时茶满足不了新时人的需求了。

笔者在第一部分说的行为阻塞一般是 3 方面原因造成的，其中形式阻塞和场景阻塞，在这里又透过茶类的动态发展过程进行了二次印证。而购买决策过程阻塞，我们通过这个部分的第二个问题，找到了答案。同时，挖掘出来了中国人基因里有茶、喜欢茶的两条发展路径，分别为物理性需求，也就是功能形需求，以及文化性需求。

当茶类在原有形态上无法适应当代的场景也就是社会环境的时候，从时代的静态角度来看可以说是茶类被时代抛弃；从茶类本身的动态发展来看正是一个传承千年的类别在积蓄新的改革的能量的时候。

茶类向何处去？是所有茶类从业者的内心疑问，笔者先对传统泡茶道的发展做一个预测。**传统泡茶道的形式是茶叶饮用形式的最终形态了，中国的茶道也好还是茶文化也好，都需要依附于**

这个形态进行存续。但是依据泡的这种形式，还是可以通过茶类进一步的商品化形态发挥大作用。甚至在泡的器具上也可以有所变化，原来手泡未来是否可以机器泡，都是未知数。同时，回归分层发展，扩充基层饮茶群体基数，才是重中之重。

通过本节的分析，弄清楚了茶类发展的路径以及面临的困局乃至因何发生的困局，这是一条完整的逻辑线索，那么通过这条逻辑线索分析，再次印证了我们第一部分推论的正确性，同时也回答了在第一部分提出来的两个问题。

第四节

# 功能性深化与去功能性发展

现在，当我们提到奶茶的时候，多数人首先联想到的就是现代化的奶茶。其实要追溯这个演变过程却并非如此。茶在由中原向北方牧区传播时，饮用方式开始改变："泡"茶的载体由水向奶转移。

可以确定，最先以奶制品"泡"茶的形式是由西藏开始的，以酥油煮茶，酥油就是从牛奶、羊奶中提炼出的脂肪凝固物。此种风潮迅速被其他游牧民族人民效仿，并成为日常饮食之一。

元朝时期的《居家必用事类全集》记载了煮酥油茶时"加入些少盐尤妙"。中唐时期李繁《邺侯祖传》中记载：旋沫翻成碧玉池，添酥散作琉璃眼。蒙古的奶茶就更是直接了，煮茶加奶加盐以及其他佐料，成了当地人民极为重要的功能性饮品。

少数民族对茶的功能性是一种延伸和扩充。而这便是茶类功能性发展的另一个高峰，此后，茶在进行商品化发展的过程中，功能性逐渐让位于口味。当然，只要以茶为基底，那么茶自身的功能性就不会消除，这也就是为什么商家要以茶为基底的原因。但是，商家在宣传，消费者在选购的时候，并不依据其功能性作为主要选择指标了，这才是问题所在。

关于茶的其他种类的喝法就不再赘述，类似于加水果、加干果、加糖等，在中国都有类似的茶饮形式，像八宝茶这类在中国都被叫作混合茶饮（代茶饮）。

也就是说，茶在中国的喝法和配料的衍化，是非常丰富多样的，并不是像一些人说的那样儿，什么奶茶初创于英国，茶里加糖或者这种混合茶来自国外的说法，这与历史事实严重不符。

那么欧洲人往茶里加糖和兑奶，是其自发想到的还是学中国的，我个人更偏向于后者，因为毕竟茶树茶苗和制茶工艺这种非常重要的保密资产都能偷走，那么这种公之于众的饮茶形式能学了去也就不足为奇了。

虽然茶的口味是欧洲人不太能接受的，但是中国凭借着先进的文明，以及先进的生活方式，影响着欧洲人。茶最早流行于欧洲上层社会的社交场合，代表了尊贵的身份。笔者提出的"文化认同是产品认同的前提"这一观点，从传教士的用语描述中便可见一斑。

1660 年查理二世登基，他的妻子凯瑟琳出身于葡萄牙皇室，她出嫁时带了一箱中国的红茶，而且她每天都要喝甜的红茶，经常用甜茶来招待宫廷里的贵族。受皇后的影响，甜红茶在英国上流社会开始盛行。红茶的口味虽然变甜了，但是其口感依然发涩，加奶后，牛奶的滋润正好综合了红茶的涩感，这就形成了茶加奶加糖的所谓英式奶茶的形态。在咖啡的主销区，英国人的下午休闲时间不叫下午咖啡文化，而是叫下午茶文化。

而且在欧洲，还掀起过一场先加奶还是先放茶的争论。据美国《茶杂志》（*Tea Time*）所描述，"17 世纪，一位法国沙龙女主人是欧洲第一位先加牛奶入杯才加入茶的人。因为这样能够保护瓷杯不那么容易破裂"。可见那个时候欧洲的制瓷技术还不完善。按照时间线索来推算，这远远晚于中国喝奶茶的时间。

无论是少数民族区域的奶茶还是中国的混合茶饮抑或是代茶饮，都是沿着茶的功能性发展的，并且是通过附加进去的其他原材对茶的功能性不断深化和不断扩展。

直到 20 世纪 80 年代的时候，停滞了几百年的茶的饮用形态发生了巨大的改变，茶的商品化完成形态不再是泡而是需要手摇了，茶里面要加奶和珍珠芋圆等其他佐料了。这并不是一个普通的改良，而是创造出了全新的茶的商品化完成形态的饮茶新形式。

前面做过强调，在做现做茶饮类别的定类营销战略分析时，不是基于饮品饮料的路径进行分析，而是基于茶类的商品化形式的衍化路径切入分析，即茶类的商品化形式。

笔者把茶类饮用形态的巨大改变，定性为茶的商品化完成形态的创新，也可以叫作范式的发展和扩张，就是茶通过奶茶的创新，实现了茶的范式的创新和路径的扩充。

从这个视角来看，那些当现做茶饮企业遇到些许问题的时候，就用一种行业灭亡或是行业要走到尽头的论调去描述，是大错特错的。

一种在茶饮形式停滞几百年后演化出的新的茶饮形式，经历了快 50 年的发展，怎么会说没就没呢？而且不仅不会没有，还会更加蓬勃地发展，只有站在茶类的商品化形式的衍化路径这个角度来看，才能把这个问题看清楚。只有在这样的分析基础之上，对于现做茶饮类别的定类判断才能有驾驭能力，对于企业者来说，驾驭能力就是修正或微调方向成功率的保证。笔者与企业沟通时常说的一句话就是：每一步都快半步，企业未来才能有出路。

奶茶作为茶类的新的商品化的形式发展，其实它是做出了一个特殊的决定的，叫作**去功能性**。至于怎么去的，我们可以好好追溯一下。

中国台湾在珍珠奶茶大火之前，火的是泡沫红茶，是冷泡茶的新的商品化形式。据笔者查证，中国古代在明朝时就发明了冷泡茶饮的形式。在后来茶饮的商品化形式中，泡沫红茶最先应用了冷泡的形式。

关于珍珠奶茶的始创者，在台湾是有较大争议的，一种说法是台中市的春水堂于 1983 年实验成功最先创立的，另一种说法是台南市的翰林茶馆在 1987 年发明的。

最早的珍珠奶茶的做法里面加水果、糖浆、糖渍地瓜和珍珠，这样一做完，茶的浓度就被降低了不少，也可以说成物理上就减少了茶的功能性。与此同时，改变了茶原本的口味和口感的层次，由苦、涩、酸、甘的味型转变为了甜为主的味型，同时由于加入了不同种类的原料进去后，茶类的味型层次也发生了巨大变化。与此同时，纯粹喝的就变成了喝的加嚼的了，这样茶类的口感同样发生了巨大的变化。

珍珠奶茶产品的发展路径**不仅是去功能性，更是向饮料化方向发展**。这条发展路径是现做茶饮类别发展至今都在遵循的过程，只不过在 2015 年这个档口，大家所说的这个新茶饮类别，把茶的功能性往回找了找，但是也没有完全找回来。这也是现做茶饮类别与咖啡馆类别复购率和复购周期的差异性原因。

一旦奶茶类别去功能性而朝着饮料类别的需求发展，往里面加什么东西都是可以理解的。追求的是复合多样的产品形态发展路径。

相较于咖啡类别的功能性需求的刚性，现做茶饮类别的发展方向显然是朝着非功能性的非刚性需求方向发展。当现做茶饮类别产品失去功能性的时候，它只能朝着饮品类别所要求的味型、口感、复合上面发力，让人们喜欢并习惯这个产品。也就是说好喝，口味适应性和口味花样性变得非常重要。

那么什么味型的口味适应性最高，答案就是：甜味。而且准确的说是以甜味为主的复合的味型与口感。

台湾珍珠奶茶由于这一创新性的举措，珍珠奶茶开始如野草般无预兆地发展起来，仅半年时间就迅速成为台湾岛的第一饮品，并迅速蔓延至香港自治区和内地。

1997 年快可立珍珠奶茶进入大陆，港台片里经常出现的奶茶饮品，迅速得到了消费者的认可，现在资料显示的价格在当时是很贵的，大概是 8 元一杯，但仍受到消费者的狂热追捧。

到了2004年，街客、地下铁等现做珍珠奶茶品牌裹挟着《流星花园》的潮流，成为新一轮的爆红的奶茶店，而它们当时的售价仅为 3~6 元。奶茶店类别一时间呈爆炸性发展趋势，而在这个过程中，连锁品牌只占一小部分，更多的是街边的独立店和摊店的形式。

当时多数奶茶店原材料的选择极为廉价，各种粉末勾调，甚至添加一些不符合食品安全的珍珠和其他添加物等。面对行业如此不规范的发展，很快各种关于类别的负面新闻就开始出现。

"奶茶里面既没有奶也没有茶""珍珠是凝胶做的"等负面新闻开始铺天盖地的传播，由于一些企业的违法违规操作，整个类别被打趴下了。在一段时间内，珍珠奶茶被人们定义成垃圾饮品。这对于一个类别来说，就是灾难性的负面认知。而且负面共识如此普遍，类别基本很难翻身。同时，因其较为低廉的价格，被人们认为是上不了台面的，孩子或小女生喝的东西。

随后奶茶类别进入了去珍珠化发展周期，例如烧仙草类的奶茶类饮品店开始慢慢发展。但是由于类别一直是负面报道缠身，并没有掀起什么风浪，一直处于一个潜伏发展的阶段。

奶茶类别在这一时期，所面临的人群是以**低龄化和女性化为主的人群**。多数门店都会开在学校附近，价格相对来说较为低廉，基本上小学店 5 毛起，大学店 3 元起，开在大学门口比开在小学门口的贵一些。

奶茶在这一时期是一个低端且负面的类别。什么概念？就是在主流认知观念里，这是不健康的东西，用当时的话语描述就是垃圾饮品。然而，现做茶饮类别就是在这样的环境中发展起来的。

2006 年快乐柠檬创立，将鲜泡茶的概念引入国内，在原料和制作工艺上都有跨越式的提升，而且在茶加奶的传统组合中，加入了茶配水果的产品。2007 年更是将这种街边奶茶店，开到了商场里，这是奶茶店在渠道上的突破。

有走出低龄化的苗头了。为什么这么说？因为除了渠道突破，还有价格突破，那时候快乐柠檬的产品价格就能到 6~12 元，价格涨了、渠道好了，接触的人群收入就不一样了，大家记住一点，**价格是评判质量的协同指标**。也就是价格比一般奶茶店贵一倍左右，应该会用更好的原料吧？这是消费者的购买时的内心自洽。

紧接着是像都可、一点点同类奶茶店，开始以一种半步升级的形式进入市场，但是在 2015 年前，这类奶茶品牌可以做生意，但是没声量。对这个声量的定义是社会上的主流认同，而不是小范围的行为共识。

而在那个时候，大家现在颇为认同的蜜雪冰城，刚从 2000 年中西餐厅、2003 年的家常菜换赛道开始搞新鲜冰激凌，2007 年才开出了首家冰激凌店。

没有新的现做茶饮品牌大胆的市场行为，类别不会有如今的市场局面。

第五节

# 现做茶饮类别价值重估路径

如果说瑞幸咖啡对现做咖啡类别的改变，是通过瑞幸个体品牌闪击战完成的，那么奶茶升级到新茶饮，就是以喜茶、奈雪的茶为主，连同同类其他品牌军团作战共同完成的类别价值跃升战，是一场漂亮的同类品牌之间的静默协同作战，通过类别升级实现了对类别价值的全面重估。并且为整个类别的发展提供了良好的上层建筑，才使得现做茶饮类别有了现在这样的生态环境。

整个过程历经 6 个突变，扭转了 4 项固有认知，跃升至主流话语体系，缔造了中国现做茶饮类别全新的发展盛世。

**第一个突变是：产品突变。**严格意义上来说，这一次新茶饮类别的崛起，是以产品突变为类别革命基础的改变。

2013 年随着台湾四云奶盖贡茶的进入，奶茶类别在去珍珠化后，首款新型茶饮产品奶盖茶进入大陆即被接受。它的定类与奶茶就完全不同，为了摆脱珍珠奶茶以及奶茶的认知影响，四云为新产品的定类叫作奶盖贡茶。奶盖说明了产品的形态特色，贡茶突出了产品价值和价格。

这次产品差异的关键在于形态差异，是能够通过视觉识别一下子就能看出不同的，而原来所有的奶茶都是把奶和茶混到一起的。之前好多奶是用植脂末替代的，所以大家对奶茶的大部分隐忧都在奶上了。这种纯茶加奶盖的形式，不仅有效地避免了一部分消费者的担心，同时又提供了一种全新口味和口感以及复合形式的茶饮产品。

由于奶和茶的分离，又因为对于奶茶安全问题大部分集中在植脂末上，不仅安全戒心放下来了，而且茶类本身在人们心中的固有的健康认知也慢慢开始出现，这是由产品形态转变带来的消费者对产品固有认识的转变。

随即皇茶品牌进入新茶饮类别，由产品驱动带来的收效很好，但是由于商标的原因，在 2015 年启动了喜茶这个新品牌，几乎同时期启动的有奈雪和茶颜悦色等品牌。

喜茶和奈雪的茶属于在深广起家，采用的都是芝士奶盖茶的产品形态，并且除了纯茶类茶品外，还用水果与茶进行结合做基底，再加上芝士奶盖。这也是新茶饮类别从 2015 年启动以来，采用的最为广泛的产品形式。

茶颜悦色却是地道的湖南特产，它采用的产品形态不是芝士奶盖，而是奶油奶盖的产品形式。这两种产品的产品形式口感和口味还有复合的感觉是完全不一样的，这是一些人在做分析时容易忽略掉的部分。

奶油奶盖类产品在非湖南区域，能够在 2018 年前后的时候，在激战正酣的深圳新茶饮市场分得一杯羹。足以证明茶颜式的新茶饮形式是有相当的竞争力的，与当时其他同类茶饮产生了物理上的差异。

熟悉茶颜的朋友应该会留意到，当时茶颜的杯子是非透明的杯子，那么如何让消费者看到新茶饮内容物的变化？这个可以从两个维度说明，一是四云和皇茶培养了新的价格带，基本就是在15~23元左右的价格，所以那时候卖到这个价格的茶饮品牌，都是新茶饮类别了，消费者已经有了相应的认知区隔。二是奶油奶盖在现场拿到的时候还是很新颖的，吸引消费者相对容易。

这个时候，新茶饮类别的主销产品组成结构是真茶加真芝士奶盖和真动物奶油加真水果。这类产品形态相对统一，到了2017年之后，因为新茶饮类别彻底解决掉了人们对于传统奶茶产品的担心，所以奶和茶混合在一起的产品形态消费者已经不再在意了。原本剔除掉的珍珠、椰冻等这类东西开始二次回归，新茶饮类别的产品多样性复合以及形式创新呈现出井喷之势，各家都在这一轮新茶饮的基础产品形式上做加法。

可是反馈结果却不尽如人意，努力有余，成效不足。直至从2020年开始，以油柑这种原料引发的一种新的茶饮形式开始突围，这个定类细分市场就是水果茶类别，去除掉这一轮新茶饮类别中的决定性元素——奶盖。只保留茶底加水果的组合，而且这次的水果并不是搅碎了的水果，而是以大片、大块的水果为主，哪怕是碎也不是看不到完整果肉的那种碎。

到了 2020 年下半年以及 2021 年，柠檬茶这个单品成为独立开店的首选。无论是声量还是销量，都可以称得上是跑出来的黑马类别。

虽然这类水果茶早就有了，但无论是产品销量还是品牌声量，都远远达不到这一次的爆发规模。在当今市场环境下，没有声量，是做不火一款产品的。哪怕它在店内卖了 10 年，销量也还可以，但是它跟一款火了的产品相比，收获的销量和声量，也完全不可同日而语。也就是说，现在一款产品，不仅要有销量还要有声量，二者缺一不可。**销量大于声量**，营销塌陷，早晚成为别人的机会；**声量大于销量**，产品塌陷，早晚被人拿去成果，自己毁灭的同时为别人提示了机会。

那么在一类产品由几个品牌做火了之后，由于参与者会不断加入，话题性和行为选择都会增加，正所谓众人拾柴火焰高，小火靠自己，大火靠类别。

营销科学视角下对类别下个体的时间锚点归纳，是声量和销量同时变化的时间节点和个体代表，而不是以产品出现的时间。拿柠檬茶类别举例，曾经服务过的品牌快乐柠檬早在 2006 年就推出了柠檬茶产品，作为内地较早在奶茶店里推出的柠檬茶类产品，就没有起到定类细分后开创新类别的作用，虽然在店内销量还不错。类似的情况还有 2010 年前后的大容量桶装水果茶，2017 年前后的芒果奶茶，2019 年前后的豆乳奶茶。

虽然这些品牌都做了产品上的创新和独立，在门店销量上和小范围内也有相应的知名度。但是这些品牌，都不是关键时间点的关键角色，**因为它们不能引导类别发展路径的转变，我们要抓住那些战略路径中关键节点的变化进行分析**，要不就很容易陷入混乱的具体事情的变化中去，反倒是看不清楚主线脉络。

分析梳理至此，关于现做茶饮类别的产品形式变化的清晰图谱得以建立。以 2013 年为界限：在 2013 年前，是珍珠奶茶类的产品形式；2013 年开始，出现了芝士奶盖茶的产品形式；2015 年开始，出现了奶油奶盖茶的产品形式；2020 开始，出现了水果茶的产品形式。

在类别发展过程中，产品形式创新起到了关键性作用。我们可以总结出一个定论：**产品形式创新是显效最快的创新**。尤其是在食品饮料等行业，由于技术变革对产品影响相对较小，这类微小的显性改变就变得尤为重要。

现在现做茶饮类别在产品形式上，各个品牌的产品形式已经开始借鉴融合。现做茶饮类别产品方面面临的核心问题之一，就如同奈雪在其招股书里说的那样："产品不是护城河，并且很容易被人模仿。"这也是食品饮品类别相同的痛处，研发门槛较低。这也就是为什么，现做茶饮类别现在产品上新的速度，较快的梯队平均在 10 天左右，就会上新一款新品。

2013 年开始，奶茶的产品形式突变，就已经为奶茶类别跨越至现做茶饮类别做好了充足准备，但是这个过程之所以没有发生在 2013 年，是因为除了产品之外，现做茶饮类别还需要进行一轮系统的结构性突变，才能完成这一次的类别范式升级。

分别是由**品牌突变 + 渠道突变 + 价格突变形成的"三合一"系统结构性突变完成。品牌和渠道的突变，都是为了支撑价格突变。而价格突变又是此次类别突围的最为重要的因素。**

当时现做茶饮类别宏观的运营策略大体可以概括为：在最好的位置，开超大的店，用顶级的设计，配高端的材料，追效果图上的完成度，提供全新的茶饮产品，用价格较高的杯子和其他器具，排最长的队，溢超高的价，类别内部不断做传播，共同支撑了高定价。以此实现了群体消费者对类别原有认知的转换。

品牌突变和渠道突变是显性的变化，很容易感觉到，原来奶茶店和现在的奶茶店的品牌调性和装修档次，差了能有十万八千里。渠道规模的变化就更显性了，从原有几平方米、十几二十平方米的门面，一下子跃升到 2015 年后几百平方米的甚至是上千平方米的大门店，这是以前人们连想都不敢想的。

**如同上文所说的观点，这些变化都是为了支撑现做茶饮类别的价格跃迁。**

在一开始，市场上还能听到"奶茶卖出星巴克的价格，疯了吧"这种言论。**但是随着现做茶饮门店无限排队的现象，以及喝过之后反馈几乎都较为正向，引得大家都想尝一尝。此时，现做茶饮类别已经完成了这一轮的定价突变，让消费者实现了价格认同。在消费品类别里，这是非常困难的环节，但是现做茶饮类别**

的高端品牌仅用了 12 个月的时间，就迅速完成了类别价格跃迁。

类似这种处境，一两元这种小幅度的涨价根本实现不了类别价值重估，只能三位一体同步进行，才能迅速扭转认知。也就是说，现做茶饮类别以新的产品为基础，通过品牌和渠道以及价格的突变，实现了对**类别价值的重估**。

类别价值重估的意义与传统意义上的涨价不一样，你不能说原来卖 12 元的奶茶现在卖 28 元是单纯的涨价，因为现在卖 28 元的奶茶给了你一种全新的、综合的价值体验，通过这种综合的价值体验附加于价格之上，实现了类别价值重估的过程。从这一事实来看，这次类别价值重估对类别发展来说是成功的，但是对于个体品牌来说是不成功的，至少是缺乏配合以及价格驾驭能力的。

继续分析类别价值重估成功的难点与意义，这是在做营销分析时需要非常重视的维度。是要把营销问题，分解到可以明确进行分析的程度。

把现做茶饮类别与相似类别比较，稍加用心就会发现，现做茶饮类别的起点与咖啡馆类别的起点完全不同。咖啡馆类别是高起低走，以低价为手段的进行品牌发展，这也算是类别价值重估的过程，这代表了大家此后再去评判咖啡馆咖啡价格的标尺由星巴克一家变为瑞幸，这是另一个价格尺度，外带现做咖啡比瑞幸贵的就是真的贵，比瑞幸便宜的才是便宜。类别定价锚点变了，对一个商业类别来说，这类改变影响极大。

反观现做茶饮类别则是低起高走的局面，而且是跳跃式的价格变化，原来都是几元钱、十几元钱的价格，现在以两个品牌为主体，直接把价格提到二十几元钱的时候，如果没有产品、品牌、渠道的三个基础维度的支撑，消费者端就不会如此顺利地扭转认知，进而接受类别价值重估的商业事实，并为此付出非常大的购买热情和行为。

现做茶饮领头品牌虽然在推动类别价值重估上做出了较大的贡献，但是其在对各自品牌的产品定价上，缺乏对类别价格的驾驭能力。

**第一点，缺乏对主流价格带的认识。**当一个类别的高端价格站住了一个价格区间，并不能急于突破这个价格区间，而是要巩固消费者对价格区间的认知。甚至要不断地出品略低于价格区间的新产品，以获取更多的想入门但受困于价格的消费群体。现做茶饮类别的高端价格区间是一跃而至的，在不少消费者认知中对奶茶还有低端认知，那么品牌需要做的就是坚守住这个价格区间，通过略低于价格区间的产品增加消费者尝试概率。

客单价不是越高越好，也不是越低越好，而是要一直处于价值供给略高于定价的局面，才是最优选择。

我们再看，喜茶和奈雪的茶在此之前推出的大部分新品是高于这个主流价格区间的，超越了现做茶饮类别的价格中线23元，基本上都在朝着"30元+"的方向发展。而那个时候，提高客单价好像成了每个品牌的一个任务指标一样。在2017年北京某个现做茶饮品牌，一杯茶饮能卖到 35 元，那个时候大家都盯着星巴克的价格，但是殊不知星巴克自己现在受定价问题的影响也在显现。

笔者在当时的咨询项目分析中，就已经得出了现做茶饮类别的主流价格范畴。依照当时 23 元的价格中线，那么就应该沿着左减 7、右加 3 的价格范畴，在 16 元至 26 元这个价格范畴内做产品定价，并且主销品价格不能超过 28 元，低价可以通过促销降低至 14 元左右。以此持续巩固消费群体，对这个价格区间的茶饮产品的定价认可。同时，还会在购买力维度，给消费者留有高频消费的空间。

现做茶饮类别在定类创新后，会形成一段时间内的需求红利期，此时消费者对价格不敏感，喝到才重要。这是奶茶类别首次站上 20 元以上的价格关口，相比于传统奶茶 8 元到 13 元的杯单已经倍升。而在此时主流产品的定价，原则上要通过不断上新，扩充 23 元左右产品占比，巩固不同系列的产品价格和价值的认知，再通过新品促销优惠吸引尝试，实现进一步的产品系列化认知。同时，建立次主流产品系列，使其价格下探到 16 元到 18 元，为群体消费者高频消费建立价格基础。在不损害品牌价值的前提下，全系列产品保持相应的灵活价格优惠空间。

同时预留出 2 元至 5 元的日常优惠价格空间，并且通过加料的自主型增值服务做客单增量。这样一来就有牌面价格 16 元到 26 元，日常优惠价格 14 元到 21 元，加料自主增值部分 3 组灵活的价格空间，可以有效占据中端市场的价格真空地带。这样一来，高端品牌低价格带部分与中端品牌的主流价格产品直接竞争，但是高端品牌可以通过更高品质的产品供给，不至于被中端品牌占好了价格带之后，对自己穷追猛打，进而逼迫高端品牌不得不降价这么狼狈。经此一役，高端品牌彻底丧失了对现做茶饮类别定价权的掌控能力。

这样的价格带空间，就比较容易建构起来对类别定价权的掌控能力。既保持了品牌价值认知，又踩住了中端品牌的中高价值产品价格带。不断走高的定价会最终反噬到品牌，同时给同类品牌留下了优渥的类别价格中线的定价空间，这就是造成高端现做茶饮品牌的危机的根源。

**第二点，特殊时期继续宣布涨价**。这就不仅是定价的问题了，在这一段时间宣布上调价格的餐饮品牌，最终大都出现了问题。从定价视角来看，还是没有坚守住主流价格带。

**第三点，突发性降价，导致品牌价值受损**。从一开始的黄牛高溢价到现在涨价不成又降价，初期建立的对品牌的价值认同，因降价在消费者认知中大打折扣。

当高端现做茶饮品牌，因店面扩张而单店不再排队，当因话题性和新鲜感逐渐变淡，传播热度逐渐回温的时候，突发性降价就会导致品牌价值受损，消费者买你的产品变得不再特殊或者那么有附加价值。

这个时候就会发现，消费者坚持消费的欲望降低了。品牌地位下降之后，不仅是产品价格便宜了的问题，更多的是涉及了品牌价值比较的问题。高端与非高端的现做茶饮品牌，差异几乎已经不再显著，以至于影响到购买决策。

如果高端现做茶饮品牌，能够抓住类别主流价格区间，伴随需求红利的半衰期同步控制产品定价布局，要比一下子全线产品降价要好得多，无论是消费市场还是资本市场都能够接受。

品牌卖的产品定价低并不怕，怕的是群体消费者对高端和中端品牌价值的认知同质化。

在 2020 年的时候，现做茶饮品牌超大门店的影响已经由正转负，具体来说就是：**当定价跃迁的使命完成后，超大门店便开始成了单店盈利的负担了。**基本上多数消费者都知道了现做茶饮类别的主流价格区间了，并且已经认同了这个价格区间。那么，超大店的历史使命就已经完成，部分区域的超大店就需要适当调整。在市场渠道下沉的时候，超大门店还能发挥出一定的作用，每一个城市两个大店，其他都应该是中小店为主。简单来说就是，卖空间的茶饮店与卖茶饮的茶饮店的比例关系问题。

**第四点，定价机制与促销的僵化。**现在高端现做茶饮类别市场在某些市场区域已经是供大于求了，话题性和新鲜感也没有原来那么强烈了，原有的定价机制和促销机制，已经不能适应现在的市场环境。

例如，多数情况下在购买时是没有及时优惠的，采用的还是较为古老的办卡优惠机制，但是这需要特别熟悉你的品牌的消费者才知道，如何买能享受到优惠。只有间接优惠没有及时优惠，不能高效刺激消费者付出及时的购买行为。

**第五点，未采用小数定价方法，略有吃亏。**例如一款产品，你卖 23.99 元与卖 23 元，虽然差了 9 角 9 分，但是消费者也并不会产生直接的价格门槛。而在 23.9 元与 23.99 元的定价中，虽然只差了 9 分钱，消费者根本不会产生价格阻碍，但是在营收统计中，则会有接近 3.7% 的营收差别。这类定价细节上的忽略，会减少产品定价的灵活性，导致定价的有效利润空间下降、营收空间降低等一系列综合影响。

由此可见，高端现做茶饮类别需要的不仅是直接降价，更加需要的是对整个价格系统做重新的结构性调整。

通过几个高端现做茶饮类别的品牌共同突围，奶茶更名新茶饮实现类别突围，成功扭转了过去的负面认知。成功进入了主流话语讨论体系中，变成了人们日常生活里经常提及的类别。这是高端现做奶茶类别的功劳，无论是成功的还是失败的，它们都是类别价值重估过程中的重要参与者。

由于类别价值的重估，人群类型的极速扩充，是能够支撑类别规模增量的另一个核心原因。奶茶从原有的低龄化、女性化为主的类别人群构成，变成了全年龄段普世性的人群构成，虽然女性群体依然占据多数，但是已由原来的绝对多数比例变为相对多数比例了。

公司的集中下午茶采购，或是同事之间自主选择采购的下午茶，已经由咖啡占绝对主导，转为现做茶饮能够和咖啡分庭抗礼的局面了。这也能间接证明现做茶饮类别的人群普世性的转变。

第六节

# 类别变革后结构性分化发展

现做茶饮类别的价值重估，受益最大的并非是类别领头品牌自身，尤其是在其类别定价权丧失后，类别内其他参与者的收益更甚。**类别价值升值后受益的是类别内部所有的品牌，无论其产品原有的定价高低，全部受益。**

回顾奶茶类别在 2015 年之前的情况，就会明白这个过程的重要程度。此前所有连锁奶茶品牌，直营几乎没有超过 300 家门店，连锁几乎没有超过 1000 家门店，那种扎堆儿仿冒的冒牌门店不算。而到了 2016 年之后，各个品牌都扎堆儿开始发展，这个发展节点高端茶饮的声量扩散的时间节点，是严丝合缝、分毫不差。

这就是由高端茶饮品牌为类别打开的类别**需求红利**机遇，没有高端现做茶饮品牌的高定价带动的类别价值重估，从而实现的消费者对类别价值认知的改变，就没有现做茶饮类别今天的发展局面。

不论卖多少钱的现做茶饮品牌，都不能否认的是人们是通过高端现做茶饮品牌，打消了原有对奶茶类别的负面认知。把植脂末、香精、勾调粉末、化学珍珠这些负面认知几乎都消除掉了。

正是由于消费者对类别价值认知的突变，使得整个现做茶饮类别走出了负面认知、人群限制、价格限制的泥潭，类别才能开始飞速发展。

现在大家对蜜雪冰城五六元钱的奶茶觉得完全可以接受，但是把时间线挪到 2015 年之前，看一看群体消费者是怎么认知 6 元钱一杯的奶茶的，就市场反馈来看，负面认知必然会占较大比例。如果这个禁锢不被强势性的一举打破，那么这些类别的负面认知就会永远伴随着类别发展，单靠蜜雪冰城这种极低的定价的品牌是打不破的。

当现做茶饮类别里的高价品牌失去了对类别定价权的掌控力后，现做茶饮类别的态势可以归纳为高端品牌栽树、中端品牌乘凉、低端品牌好风光。

通过对类别动态的营销分析，可以理解类别是如何进行动态发展的，品牌的动作是如何影响类别中其他品牌的发展的，从研究的角度来看，需要深度理解其中的变化规律。

类别价值重估，是现做茶饮类别超高速发展的核心因素。高端品牌的强势崛起带来的类别需求红利，使得中端品牌迅速与低端品牌迅速崛起。信息运输速度远超门店落地速度，同类其他品牌就可以开始迅速打着新茶饮的概念进行落地，收获高端品牌认知播种下的需求，从而大量的兑现出购买行为。购买行为大量兑现的核心原因，是类别价值重估的结果，人们都不再把现做茶饮当作负面饮品了，向下落地的时候点位可以非常多，加之价格降低运营成本降低，产品相似度又很高，自然就能够持续兑现出销量了。

同类品牌数量和门店数量激增就不奇怪了，越往低线级城市走，费用就会越低，量级就会越大，人群就会越多，当然了，定价也会降低，但是低价又能覆盖更多的人群，以及达成更高的复购率和更短的复购周期。这就是不同层级之间的品牌的选择问题了，同时也是为什么低端品牌和中端品牌能开那么多店的原因，地域广、人群基数大、需求量自然就大。

低端品牌的门店形式几乎与传统的珍珠奶茶店一致，就是换了一波招牌。**但是，现做茶饮类别的低端品牌，从整个类别发展路径来看，并不是现在大家所说的降级，而是升级。**

回顾一下市场状况，大家就能理解。引来万千吹捧的低价冰激凌 1 元钱一支不涨价，在 2006 年左右也不算便宜，那个时候多数地级市和以下线级城市，不锈钢柜机现做冰激凌定价是小的5 毛、大的 1 元。笔者在 2020 年走访市场的时候，广东和辽宁依然都是这样的定价。而原有的勾调奶茶 1~3 元的起价，被蜜雪冰城升级到了 5 元以上的价格，这对于中小学生来说，并不是消费降级，而是消费升级。

**性价比一直是一个比较价值的体现，而不能用来指代绝对价值。**笔者在 2020 年项目走访的时候，在山东淄博问一群小学生："蜜雪冰城你们常喝吗？"小学生们说喝不起只能偶尔喝，只能买不是蜜雪冰城的奶茶喝，倒是蜜雪冰城的冰激凌常吃。

对于学生群体来说，蜜雪冰城就是消费升级，它打掉了底层更多的那些没有牌子的奶茶品牌，蜜雪冰城也有其下沉渠道，只不过对于掌控话语权的人们来说，那个价格就是极致性价比。而这个概念，就是在高端现做茶饮品牌破除类别负面认知之后，才开始被消费者接受的。

在阶层分化消费分层的商品化社会，品牌的分布必然会以高、中、低这三个价格档位，做大的划分框架，进行阶层化发展。

当蜜雪冰城借着新茶饮的东风在二线及以下城市市场大幅放量后，中端品牌也在一、二、三线城市借东风而起，弥补高端品牌在前期布点不及时的阶段性缺失，迅速建立起了自己的门店系统和优势的根据地势力范围。

承一线高价现做茶饮的提示，中端品牌在此时也在弥补自身弱势，其中最大的提升就是在品牌价值感上的提升，无论是从渠道选择，还是门店装修，或是餐具杯饰的选择，抑或是自身形象调性设计质感，都在向高端品牌的水平靠近。不低端是前提，特色是附加值，而且在纷繁变化的市场中，谁能撑得久还不一定。当然前提还是当类别价值被重估后，消费者对类别中品牌的选择就没有了戒心，这就是为什么中端品牌能够在一、二线城市承接高端品牌的消费者需求的原因。同时，下线级城市的成本更低。

16元这个被空置的价格档位，正好被中端品牌所接管，这个价格带与瑞幸在现做咖啡馆类别踩中的价格带几乎一致。高端品牌不但没有捏住中端品牌的脑袋，而是让中端品牌揪住了双脚。

　　当中端品牌的店面数量几倍或几十倍于高端品牌的时候，它们会反向冲击你的话语权掌控能力，因为门店就是媒体，消费者就是观众，中端品牌的声音由一开始只做生意到现在为止又做生意又有声量，这就形成了一股不可忽视的媒体力量。

　　那么在类别价值重估的混沌期，类别内的品牌都可以抢着发出声量，而消费者对其的接受程度几乎都是开放的心态。现今在产品本身的基础框架几乎一致的前提下，品牌差异与产品形式组合创新则就成了人们价值判断的依据。消费者认知中，不再会将高、中、低三个大的层级在购买时作为主要决策依据。所以中低端品牌正在通过自己的话语体系，一方面冲击高端品牌的市场销量，2020 年至 2022 年这 3 年的时间表现最为明显。另一方面则更为直接，这在现做茶饮类别规模扩张的这 3 年时间里，中低端品牌在市场规模扩张期收获了非常大的成果，通过门店数量形成了较强的类别统治力。

　　现在中低端品牌以某一区域为基础，在现做茶饮类别里表现出了极强的活跃度，以及话语输出能力，像是茶百道、霸王茶姬、书亦、阿水大杯茶等品牌，都在进行激烈的竞争。从区域根据地，逐渐向全国布局进发。同时，还有水果茶类别品牌的异军突起，都是在价格中带内进行竞争。

　　中低端品牌将基于门店扩张的优势，逐步转换为品牌话语权的声势，这一转换过程使其在获得了类别规模的同时，获得了类别内的话语权掌控能力。拥有类别内话语权掌控能力的结果，就是能够与高端品牌站在一起，制定相应的行业标准，发出自己品牌独立的观点，并且最重要的是，发出的声音是可以得到行业内和消费者的关注，甚至可以引起类别内的广泛互动。有了实现产品带动品牌，品牌赋能产品这样一条路径机遇。

面对 3 年左右的类别发展窗口期，高端现做茶饮品牌既没有收获高效扩张期的门店数量，也没有获得优质的营收数据，又没有守住品牌价值的高端认知。这才是类别内高端品牌最可惜的地方，特别但是又没有那么特别，品牌有影响力但是又不足以支撑其形成在消费者决策端口的强势依据。但是，瘦死的骆驼比马大，回归正轨后其仍然拥有品牌认知上的优势。可是想要回归到类别发展初期的品牌统治力，大概率是不可能了。

中低端品牌得以快速扩张的另一个维度就是商业模式的差异，涉及了直营连锁品牌与加盟连锁品牌的盈利模式的差异。简单来说就是，直营连锁模式的现做茶饮品牌是卖现做茶饮产品赚钱的。加盟连锁模式的现做茶饮品牌卖的却是现做茶饮店赚钱的。前者赚的是一杯一杯茶饮的利润价格；后者可以赚两拨钱，首先就是你要开我品牌的店，我要收你一回钱，是你从我这儿持续进原料我再赚你一拨钱。分担风险的同时，能够大大企业内部扩充现金流的量级，以及在一定意义上扩大了门店部分团队的规模。加盟连锁模式以往在管理难度上的问题，在产业互联网介入之后，管理成本下降，管理效率提升，内部监督惩罚规则明确，并建立起总部强管控的约束政策，直营与加盟之间的管理难度和效率几乎没有本质上的差别。

第七节

**需求稳定性隐忧与发展研判**

目前现做茶饮类别面临的核心问题是：产品形态的去功能化，导致人群与类别之间建立的是非功能性需求，结果即是需求刚性程度不足。群体消费者的消费频率就会下降，复购周期同样会大大拉长。功能性需求与口味喜好需求由于需求类型的差异，相比于咖啡类别的功能性刚需产生的自主购买需求，现做茶饮类别只能依靠非功能性、非刚需的，长时间口味想念或被动刺激产生够买需求。

刚需和非刚需两者一对比，购买频率的差别就是很多倍。味型上甜味基底与苦味基底的适口性是有差异的，前者好习惯，但是无法做到高频饮用，因为喝多了确实会腻。而后者习惯难，但是习惯之后可以做到高频饮用，不容易腻。这就是苦味基底与甜味基底的物理差异。

甜作为辅助味型对口味来说是很好的增色，但是作为主要味型，就比较容易腻。国人对甜品高评价之一就是：不甜，或者不齁儿甜。从目前来看水果茶要比奶茶的复购周期短一些，但是其功能性不足，消费频率仍然低于咖啡类别。

这就是现做茶饮类别在去功能化发展后的弱势。也就是为什么现做茶饮类别需要不断通过形式上的创新，或产品上的不断出花样儿，去提示消费者购买，或者叫作刺激消费者购买。产品创新好理解一些，产品形式创新类似于迷你桶、超大桶、香水桶等等，对产品盛放形式或摆放方式的创新。

当现做茶饮类别单靠口味习惯性和产品喜好，无法达成商家满意的消费者自主复购周期的要求时，就只能通过形式上的创新去不断地刺激消费者的被动购买行为。

概括现做茶饮类别的市场现状，是以初代新茶饮类别的产品范式为基础，以品牌喜好竞争、和特色化产品竞争，以及话题性活动竞争三个维度为主体，不同品牌在不同时间阶段各有侧重。

包括现做茶饮类别去收购、入股或者自主入局咖啡类别，抑或是门店产品加入咖啡类产品，就是看中了其较短的复购周期，和较为稳定的复购频率，还有较高频的场景提示。

现做茶饮类别一方面是通过不同类型的产品创新，去覆盖不同类型的人群的口味喜好。另一方面就是制造新话题，需要对消费者进行不断的刺激提示，让消费者感觉这个品牌一直有花样可以追，当消费者对一个刺激出现疲惫之后，又会出来新的花样，以此往复循环去提示复购，缩短复购周期。

功能性强调提示缺失之后，现做茶饮类别只能通过上述手段去刺激消费者，不断创造产品形式上的新鲜感和话题的传播性，用以刺激购买。如果从普通饮料的维度来分析，这样做是正确的，但是如果从茶类发展的脉络来看，这样做就是有缺失的，或者说是事倍功半。

从行业观察中我们得出了一个市场结论：甜味主体不容易成瘾，而苦的或者带有某种刺激性的味型或口感，较为容易形成记忆点。或者说味感记忆比较深刻，容易产生产品依赖，复购周期相对更短，柠檬茶的复购周期略短于现做茶饮便可见一斑。

味感刺激和功能性需求，是保证需求稳定性的基础。

笔者一直所存疑的地方，并且基于一定的定性结论，表明咖啡的成瘾性并非来自物理成瘾，更多的是由功能性认知产生的习惯性成瘾，而不是成瘾性习惯。最为重要的还是功能性认知，带来的安慰剂式的效果。但是这个我没有经过医学测试，也没有找到权威性的研究报告，只是我的个人对市场观察后的直观感受和少量定性访谈的归纳而已。

现做茶饮类别的需求稳定性隐忧，指的就是复购周期和频率的问题。从原叶茶类别的发展路径至今，茶类天然自带功能属性，无论是文化认知还是理化指标，都具有显著的功能性。

所以，就要通过产品的定类创新和回归，开拓全新的茶基的功能性现做茶饮，提升现做茶饮的功能性认知，并且基于中国传统茶叶、依据中医传统食补药理，做针对性的功能性的现做茶饮产品开发。只有这样才能让茶的功能性回归现做茶饮的类别认知中，同时，缩短现做茶饮类别饮品的复购周期。现做茶饮可以在形式上无限创新，但是在产品本身上还是要有一部分产品回归传统茶的功能性的发展路径和规则之上，才能有更大的发展机遇。

如果我们再深入下去，就会发现其中留有两个机遇空白，可以用一句话进行概括：**现做茶饮类别的高频消费需求以及人群再扩大化机遇，必然会产生在纯茶类产品和复合功能性茶类产品之中。**

各个现做茶饮品牌至少需要通过两个产品系列，对其进行独立强化和独立操作，将单品打造思路，扩大化至独立系列的认知建立。一个独立系列是原叶茶专业化产品系列。围绕原叶茶类别的等级规则，做现做茶饮类别的产品系列。可以借鉴手冲咖啡，或参考以原叶茶为核心的连锁茶饮品牌的产品设定。要突出原叶茶系列的专业性。另一个独立系列是复合功能性茶饮产品系列。建立以原材料为功能认知基础的系列认知路径，突出原料功能性价值，切记用力过猛，不能使其认知导向于保健品。

两个系列的独立化要体现在品牌内部的各个维度里，例如，显性的系列标识，独立的系列包装和手提袋等，都需要彻底独立化。原叶茶的高价值部分和复合功能性茶饮的高功能性，会成为内部活动、创新的平台基础。

这两条产品系列如果得以成功建立，并且在类别内部普及，现做茶饮类别的增量空间至少是现有规模一倍以上的增量，而且整个增速的过程不会太久，至多 3 年时间就可以完成类别规模倍增。增长的内部逻辑很明确，一是人群二次扩大化，二是复购频率提升复购周期缩短，三是拥有更加具像化的场景提示，抢占相似类别产品的场景空间。

在连锁品牌门店数量动辄就是上千家以上的品牌化为主导的类别里，对于新系列产品的推出相对容易，并且容易引起类别内不同品牌间的模仿扩散。再经由几万家门店同时对消费者进行行为引导，容易在短时间内掀起系列产品的热潮。

产品维度除此之外还有三个发展路径研判。依据现有路径来看，花茶或者花果茶或者花果奶茶将会成为新一轮的创新方向，虽然现在已经初见苗头，但是花的应用量和应用形式还是不够。

中式原料将会成为新的产品研发主体素材，无论是功能型的还是口味喜好型类的产品类型，都需要关注中式食材在产品研发中的作用。

基于人群划分和地域特色性质（当地原产基底和工艺口味）的产品开发，均有可能建立茶颜悦色式的区域特产特色现象。人群划分需求较为强烈的例如宝贝（baby）茶，老人茶等。区域茶底和习俗口味特色化类的产品，则会增加连锁化品牌的在地特色性，成为吸引异地消费者到底消费尝鲜的核心。中国产茶区分布广阔，足以支撑品牌系统化去落实这件事情。区域工艺口味较为强烈的咸奶茶和酥油茶类别，具有可改良进行全国化推广的可能性，在本地有着较强的话题性。

一、二线城市，现做茶饮类别空间需求几乎到顶，卖空间的成本压力过大。而在部分二线及以下线级区域，需要做好卖空间和卖产品的门店数量的比例关系，对空间需求的满足还是产品需求的一部分。上线级市场，大空间门店的占比至多不能超过20%，因为产品需求比例远大于空间需求比例。较早之前，笔者就基于奈雪的茶的招股书，做过这样的研判。后期奈雪的做法与我们当时的预判结果，几乎是一致的。

同时，面对渠道下沉所带来的市场机遇，新冠病毒疫情之后的观点是：人才返乡潮——人口回流对商业行为的深度影响。如果说互联网是信息不对称的弥合剂，那么人才返乡潮就是行为间差异的深度普及化教学。形成信息到行为间的深度整合。一线向新一线、新一线向二线的人才返多潮都会潮汐式的带回原有所在地的生活方式和行为习惯。这些生活方式和行为习惯深度影响周边群体，将会迅速形成群体性需求，扩容类别规模。二线及以下城市，是商业类别的新根据地。行为"下乡"的深度示范，将成为商业"下乡"的加速器。

在下线级市场人群集中化和慢节奏化的前提条件下，特色空间的需求，仍然能作为决策的重要一环。而独立专业的纯茶系列加入，反过来又将会对空间利用率有着积极的促进作用。

关于渠道的第二个研判则是：进入零售。可以是半成品解决方案，也可以是完成的产品形态，进入瓶装即饮茶饮类别，通过长渠道进行销售。这与笔者说的餐饮类别的 4 个发展维度堂食、外卖、团餐、零售的观点一致。同时，特色茶歇的到企业业务，也可以作为特色巡游业务，阶段性的在不同区域展开。

价格部分的内容，我们在前文已经做过充分说明，在此就不再赘述。反而是需要注意以较高价格为前提，以更加特色化的产品为基础，以更加具备形式感的特色形式为吸引，定类分化出精品现做茶饮类别。抑或价格不变，而在产品形式化做出创新，同时降低杯量，以此创建精品现做茶饮类别。

那么精品现做茶饮的定类分化基础，就在于现做茶饮类别在原叶茶系列里，对原料回归式的等级划分。只有在现做茶饮类别里，率先建立起对原叶茶叶子等级的分级规则，才能基于庞大的类别规模向消费者进行有效普及，以此形成更深入的行为接触和产品认知，为后续定类分化做出了前提性铺垫和新类别创建的基础。

同时，也为中国原叶茶类别的全面回归，开创出了一条新的路径。我们从原叶茶切入现做茶饮类别的分析，最后的结论，便又回归于原叶茶类别，类别的发展是一个动态的过程，其中各项因素相辅相成互为因果。

中国原叶茶类别的回归，在场景变化、形式变化、需求变化、节奏变化、文化变化等变化的前提条件下，到底是以何种形式回归，存在较多的变数，并且有较多变化发展的可能性存在。

但是，现在茶饮类别，以原叶茶和传统茶文化为基础的新一轮类别发展机遇，已经逐渐开始显现。

# 第七章

# 现做咖啡类别营销分析

第一节
# 文化认同与功能需求的低价驱动

中国现做咖啡馆类别，已经过了第一个十年叫好不叫座的沉寂，正在经历第二个十年的超高速发展，而在即将到来的第三个十年，现做咖啡馆类别要向何处去发展，这是所有类别内的参与者都极为关心的话题。

前二十年的发展，每一个阶段都有着相应的类别核心驱动力，和社会变迁的时代背景，以及个体企业品牌在类别内起到的引导作用做基础。那么下一个十年的类别发展阶段，必然会延续前两个阶段总结出的类别规律发展。

基于营销科学学科维度，对类别发展进行分析和预测，需要结合时代背景，把握住需求以及需求转换过程中的关键节点，并在其中找到决定性因素和关联性因素之间的联结逻辑，需要明确引发类别化需求的需求动因，沿着类别发展的路径规律。营销科学可以通过对群体消费者潜在需求的研究，预测需求的发展，从而通过信息的形式，呈现给消费者后，达成高效率做出购买决策的目的。这也就是为什么，营销科学不研发产品，但是却能通过信息重构产品认知，通过需求预判指导研发。营销科学善于从购买的角度研究群体的需求，并且通过信息的形式加信息运输介质的运输，再传输给消费者，从而形成更加高效率的闭环链路。

进一步理解，需求的产生依据人这个生物性特质展开，并在社会性上进一步延伸释放。一度人们在需求的讨论中，陷入到了鸡生蛋蛋生鸡的逻辑怪圈里不能自拔，还乐此不疲的展开辩论。人的需求率先在其自身生物性范畴中展开，像是不同个体对蔬菜和肉类、水果与干果的喜好差异，多部分源自生物特异性的本能，少部分源自家庭生活习惯养成。这类需求并非单一化存在的，而是会以类别化的组织形式递归，形成类别化需求。既然需求的类型可以展开统计分类，那么这其中必然会有各种规律存在，沿着需求的规律，人们为了更好地满足需求，相关技术就开始逐渐发展。那么技术的结果有可能是闻所未闻的东西，人们在未见到这类东西之前，并不会产生具像化的需求，或叫作明确指向性的需求。但是在行为示范和适应后，群体对新的解决方案所满足的需求做出了肯定评价后，基于新技术衍生出来的结果开始扩散，最终实现一定范畴内的普及。

所以，度量需求的尺度一方面是人自身的生物性和社会性为基础，另一方面就是以科学研究和工业产业技术的生产转化能力为条件。需求衍生的路径顺序可以论述为：以人的生物性和社会性为前提，通过技术进步或形式创新去创造新的产品类别，从而突破原有需求的范畴或（和）满足形式。

现做咖啡馆类别之所以能够形成前后两个阶段，正是由于需求类型的转变引发的结果。人们常说现做咖啡馆类别是资本催熟的，但是如果没有需求类型转变的前提，根本难以催熟。因为，在第一阶段现做咖啡馆类别里，倒下的主因就是第一阶段的需求类型无法支撑起门店生存。

在类别发展的第一个阶段，现做咖啡馆类别满足的是文化认同性质的需求类型。到了类别发展的第二阶段，需求类型则转化为了功能性需求为主导。需求类型转换引发了更高频率的消费行为兑现，以及更广普的人群基数。所以，本章对类别进行营销分析的核心焦点就是，需要把握住类别需求类型转换的主因和次因，以及对转化过程中的具体方法和路径进行重点梳理，并且以此为基础，对类别在下一个阶段的发展进行预判。

除了需求之外，要论述的第二个关键因素就是低价。低价驱动作为行为普及最有效的商业手段，在类别内被反复验证。虽然低价格仅是类别快速渗透的前提条件，但足以使其发挥最大范畴的效用，其背后的逻辑是在降低价格的同时，价值感受仍然与高价格品牌保持一致，也就是降价但不降低价值感。

基于价格以及渠道形态，在现做咖啡馆类别内做出了全新的定类开创，即"外带现做咖啡馆"。从结果来看，"空间现做咖啡馆"完败于"外带现做咖啡馆"。并且在后续同类"外带现做咖啡馆"想要通过更低的价格，来开创新的定类"低价外带现做咖啡馆"时，瑞幸同样用快速的价格行动做出了有效应对，避免了新的定类开创快速实现。

由此可见，低价和价值感的维持仅是反映出来的结果。进一步分析，瑞幸对类别定价权的有效掌控，才是其核心能力之一。

正是得益于瑞幸咖啡的战略设定和战术打法，引发了现做咖啡馆类别的类别化增长势头。时至今日，整个咖啡馆类别就一直保持着极高的类别活跃度，无论是从资本角度，还是话题性，以及人们的行为频率，与 2017 年前的咖啡馆类别相比，有着天翻地覆的差别。

笔者在 2010 年前后参与研究过咖啡馆类别的项目，直到现今仍与咖啡类别有诸多项目上的合作。所以，对咖啡类别的持续观察研究，已经十几年的时间了，并做过一系列较为准确的类别预判，无论是对变化的节点还是变化的结果。

在做营销分析时，我们习惯把 2015 年当作现做咖啡馆类别两个阶段的分割线，2015 年前至 2005 年乃至再向前是一个类别发展阶段，2015 年后到 2024 年年底是第二个类别发展阶段，那么从 2025 年开始之后的十年将会是类别发展的第三个阶段。

对于已经历经两个大的发展阶段的现做咖啡馆类别，今后的发展路径到底有哪些，第三发展阶段的核心驱动力是什么，以及对于不同规模的企业来说，如何在类别中找到适合自己的发展路径，或是产品的创新演进方向等问题，都是我们接下来需要逐一分析论证的。

第二节

# 文化认同强制口味适应

截至 2023 年年底，中国连锁现做咖啡馆品牌门店数量超过美国，成为世界最大的单一国家市场。这与笔者在 2017 年时笃定看好中国现做咖啡馆类别规模的预期判断，几乎是一致，但是却仍然没有想到，类别增幅的速度来得如此之快。笔者也曾预测过，中国现做咖啡馆类别不仅会有瑞幸，还会有一群类似于瑞幸的企业出现，也都在随后的几年内逐步实现当时预判的结果。

这在当时的条件下，是很多人无法理解和预见到的。对类别未来发展情况的预判的准确性，来自学科化理论合理性的指导。如果缺失了学科判断维度，那么对类别的行业判断只能停留在个人感受层面。

分析咖啡类别，首先要做的就是定类划分，这样有助于我们排除其他类别的干扰。咖啡在中国主要有 7 个定类细分市场。

第一类是速溶咖啡类别，最早被中国人接受并普及的咖啡形式，2018 年雀巢在中国速溶咖啡类别中的占比达到了 72.4%。第二类是现做咖啡馆类别，也是我们今天主要分析的类别。第三类是瓶装即饮咖啡类饮料。第四类是胶囊咖啡，简化了全自动咖啡机的流程，降低了机器入门门槛，便利性和快速是其核心。第五类是精品速溶类，依其性状可以分为冻干咖啡粉和咖啡萃取液两类。第六类是挂耳咖啡，类似于懒人便利版的手冲咖啡。第七类是原料和器械类（与本章分析内容关联性不大），主要的市场在于咖啡机和咖啡豆及配件的售卖。

做完定类划分剔除了一系列干扰项后，我们就能够在一个相对清晰的范畴中做咖啡馆类别的定类分析。因为，人们的需求是对应到类别的类别化需求，而并非孤立的个体的需求。人们在每一次认知的时候，都是一次分类或定类划分的过程，如果此前没有见过这个东西，那么人们就会基于已知的事物进行类比化认知，同时建立一个新的归类认知范畴。这类现象引申到商业领域，就是一个新的商业类别被创造的过程。

咖啡馆类别在中国的发展自然分化出了两个阶段。2015 年可以作为咖啡馆类别在中国市场发展的分界线，因为 2015 年后有 1 个核心因素促成了咖啡馆类别新的发展阶段。回归到咖啡馆类别的起始阶段，从时间尺度去逐一理解咖啡馆类别的需求动因的展开和需求类型的转变。

咖啡馆类别在中国一起步的时候，遇到最大的问题就是口味适应性差的问题。记得在仙踪林品牌的策略项目中我访谈了其创始人，他描述仙踪林当时在上海就是流行的风向标，年轻大学生和职场精英都愿意去那儿约会聊天，他们主打的饮品就是"泡沫红茶"。

后来星巴克在 1999 年入驻北京国贸，正式宣布进入中国市场，次年在上海淮海路开店进军上海市场，正好落位在仙踪林对面，仙踪林的生意受影响特别大。星巴克当时在上海的定价基本上是锚定着仙踪林去做的，十几块钱起步。他说："当时写字楼里的人，吃完饭都要去买一杯，要这样拿着，标志（logo）要正对着外面，一上电梯，一排人都拿着星巴克的咖啡杯冲着外面。我们同事嘛，好多时候这杯咖啡到下班都没喝掉多少，明天可以继续拿着嘞。"说到这儿，我们都笑了。

从星巴克进入中国发展的第一个 10 年的业绩也能反映出咖啡馆类别遇到的问题核心就是口味适应性问题，直至 2009 年的星巴克还是在持续亏损。

**中国人喝不习惯咖啡。同时，所谓第三空间的概念，并不足以支撑其赢利。**

口味适应性难易问题，意味着消费者接受效率以及普及程度问题，同时关乎于二次消费和多次消费的问题。一个在口味上很容易接受的食物，和另一个需要多次尝试才能接受的食物相比，容易接受的食物它的商业综合效率就高，普及率因其接受口味人群的比例上升而扩大，吃一次觉得好吃的东西就容易产生复购，逐渐养成习惯。口味不容易被人们接受的食物则恰恰相反，咖啡馆类别当时面临的就是一个这样的局面，它的复购周期受口味不适应性问题影响非常大，由正常饮品类频率转为特定场景下的消费频率，复购率必然会形成断崖式下降。毕竟，人们的尝试行为如果在初次就受阻，那么再尝试的概率就会降低很多。

从这个逻辑路径分析，既证明了中国人喝不习惯现做咖啡的口味适应性问题，又能说明为什么咖啡粉占据了中国咖啡类别很大一部分市场份额的原因。单从口味适应性上来说，当时咖啡馆奶咖都不如咖啡粉"好喝"，可接受程度高。那么这样差的口味适应性会让群体消费者形成不值得的印象，换言之，花了速溶十倍以上的价钱，却没有喝到更好喝的咖啡。

这里要注意一点，咖啡馆的咖啡拥趸们喝的是正宗的咖啡；而想要尝试的群体需要的是更好喝的咖啡。两类群体的评判需求是否被满足的基础标准是不一样的，所以他们对产品口味的最终评判也是不一样的。

食物的口味适应性难易问题，是餐饮类别中经常碰到的问题，尤其是跨国别的食物。

2010 年之前，星巴克每年开店的速度都在 100 家以下，2010 年之后基本上每一年开店的数量都是前一年的一倍，也就是在这个当口，星巴克培养了 11 年的中国市场，正式开始为其赢利。从门店数量来看，截至 2014 年 1 季度，星巴克已经在中国的 68 个城市开设了超过 1200 家的门店。

到 2018 年上半年，星巴克在中国 130 多个城市开设了超过 2800 家门店。时年星巴克在连锁咖啡馆类别的份额占比高达 51%，上岛咖啡占比 12.8%；麦咖啡占比 6.2%；咖世家（Costa）咖啡占比 5.7%；其余咖啡馆品牌占比均在 4% 以下。根据已有的数据进行推算，星巴克占比 51% 的市场份额门店数量约 2800 家，那么当时中国连锁咖啡馆类别的门店数量不足 6000 家。这个门店数量与同年中国购物中心的规模数量对照，平均每个商业综合体里能分不到 0.5 个连锁咖啡馆品牌。

基于对宏观数据的分析我们可以发现，2018 年时，连锁咖啡馆品牌在中国的战略级区域布点仍没有完成，甚至可以说是才刚刚开始。

如果做战略决策的话，基于这一部分分析可以得到两个关乎最终决策的结论，一是连锁咖啡馆品牌的绝对数量少。二是以现有门店形态，可开店的点位相对充裕。总而言之，有市场，有空间，能开店。

时年现做咖啡馆类别，还有一个关键性的问题没有解决：如何赢利？这是咖啡馆类别面对的难题。

中国 2000 年前后的咖啡馆潮，是由星巴克掀起的，第二轮咖啡馆开店潮是在 2009 年前后韩系咖啡馆掀起的，但是星巴克连续亏损 10 年才开始盈利，韩系咖啡馆来得轰轰烈烈，倒下时更是匆匆忙忙。

这就引出了下一个命题：**在口味适应性没有解决的前提下，咖啡馆类别靠第三空间能否实现赢利？**

人们往往高估了第三空间的实际商业价值。先来解释一下第三空间的基础定义，以及其衍生条件。第一空间是家庭空间，第二空间是工作空间。第三空间需求衍生的基本条件是，当社会发展到一定阶段，人们在外联络、会面、休憩的需求会逐渐增加，所以提供这类服务的场所也就随即出现，衍生出了所谓的第三空间概念。咖啡馆、茶楼、甜品店等都属于这类场所，只是在需求适应性上存在类别间的差别。第三空间简单来说就是在外面方便歇脚聊天的地方。

当把空间作为主体需求而咖啡作为载体介质的时候，在中国市场的咖啡馆是不赚钱的。也就是说咖啡馆类别在中国卖第三空间不赚钱。在非中国区域，咖啡需求同样远远大于第三空间需求，这就是为何人们高估了第三空间的实际商业价值的原因。2011 年在做类别研究的时候笔者编了一个顺口溜，来描述咖啡馆类别的经营状态：周一到周五，店里光秃秃。周六加周日，赚的不够补。周末两天也比较难：一杯咖啡一下午，柠檬冰水一直补。那真是翻台没率，眼睛绿。

粗略算一个账就明白了，卖空间的咖啡馆对于位置的要求相对较高，基本上选点落位的要求是位置显著，方便进出。不是邻街就是商场里的一、二层核心区位，基本上房租成本就低不了。第一个阶段咖啡馆的座位设置还比较舒适，至少要占地 1.5 平方米以上，一般 4 人位置坐 2~3 个人，2~3 小时的翻台时长，主流营业时间段也就 9 点到晚上 6 点，平均一天最多 2~3 台的翻台率，多数情况单靠卖空间是赚不到钱的。

中国咖啡馆类别在第一个阶段十多年的发展过程中，一直在培养中国消费者两个方面的行为，一个是去咖啡馆的行为习惯养成，另一个是培养口味适应性和建立饮用习惯。

第一个任务完成得相对较好，至少建立起来了部分场景与认知的关联，从而引发行为上的落实。但是，营收结果并不如想象中的那么好。第二个任务完成的相对较差，口味适应性没有达成，饮用习惯的建立就几乎不会产生。

那么在逆口味适应时期，吸引消费者付出行为的是强势的国外的文化"先进性"。人们希望通过行为一致性，融入西方主流生活方式。这一点至关重要，如果咖啡是非文化先进性国家的主流饮料，"先进"的西方没有或不喝，那我们的消费者根本不会在逆口味习惯的前提下不断地进行尝试行为。换言之，文化认同是产品认同的前提。反之，哪怕是文化再强势的区域食物，如果过不了口味适应性的关口，那么也无法实现有效的商业兑现。

那时候人们去咖啡馆的行为习惯，和喝咖啡馆咖啡的行为习惯都才刚起步。星巴克以及一众咖啡馆培养了这么多年，培养的其实就是群体消费者的**口味适应性和行为习惯性。**

2010 年之后，中国的社会环境发生了巨大的改变，中国进入互联网经济高速发展周期。社会高速发展的基础之一就是人的高强度工作，人们对于功能性的食物需求开始增多，主要就是提神为主。公司的下午茶采购也多为咖啡，一方面给你点儿甜头，另一方面作为你加班的动能。

这一时期职场的主力由"70 后"开始交棒"80 后"，"80 后"

是更早、更多接触西方文化的人，并且他们也更认可西方文化，通过体育联赛、影视剧集早就形成了提神醒脑喝咖啡的认知。这一批人其实赶上了咖啡馆类别进入中国市场的起步阶段，所以他们在接受咖啡的时候，是带着意识形态的影响去接受的，所以更容易。

社会主力消费人群和主力舆论人群的转变，是现做咖啡馆类别出现转机的前提条件，是众多积极因素之一。

"80 后"人群在文化上先认同了咖啡的文化价值，这个过程基本上与英国人接受中国茶时的情况一样。虽然茶的口味是欧洲人曾经不太能接受的，但是当时中国同样凭借着先进文明进行降维打击，影响着欧洲人的行为和味觉。茶在欧洲早期同样被作为社交载体，后来加奶的奶茶普及后彻底解决了外国人对茶在口味上不适应的问题。

文化先进性区域对文化落后区域，在多重维度都有着非常大的吸引力。咖啡作为西方国家与中国原叶茶有类似之处的主流饮品，其规则制度的建立都要依托于西方标准，代表着的是正宗与否。

人们在追求更好一些东西的时候，有一个基础的标准：就是正宗。那么，正宗里面还有更好的不同维度的路径可选。

对正宗与否的评判，是以文化为基础建立起来的一系列规则标准为依据。类别内基于不同定类划分之间，依据这一规则标准，会衍生出一个类别内**类比价值**的层级认同现象。例如，在速溶咖啡与现做咖啡的类比价值中，速溶咖啡自然就处于下风，所以当人们要追求正宗咖啡的时候，咖啡馆咖啡是这个路径中的必经一站。如果继续深入，就会有更加专业化的咖啡解决商业业态出现。或是，转向于自己入局，自己学习各个环节，进行实操制作。

人们选择进阶与否，这是一个概率性问题，时至今日中国咖啡馆消费人群也仅是一个从小比例人群向更多群体普及的过程中，而这个比例正处于快速增加的过程中。

当接受了西式文化的年轻人，成长为咖啡馆类别适龄人群之后，加上现代企业里充斥的多元化文化与习惯，那么具备标杆性质的企业的行为习惯，会以递次下传的形式产生影响，企业之间形成了击鼓传花式的连带影响。再加上职场人们的工作压力陡增，实在表现为高强度的加班，由此形成了中国咖啡馆类别的主体需求发生了天翻地覆的改变。**咖啡馆的需求满足由精神性需求向功能性需求转变，这才是重中之重。**

**也就是说由一开始用咖啡作为高级的文化和社交载体转变为对咖啡物理功能的切实需求，这个转变过程代表了需求类型的转变，意义非凡。**

因为原来的精神性需求需要极强的场景环境支持，比如约见客户、下午茶歇、约会、聚会等，而这类需求的类型都是非刚需性的需求，需要某种刺激才能形成需求，偶发性、低频率是非刚性需求的显著特点。

咖啡馆咖啡由精神性需求转向物理性需求代表了对产品本身的认可，这里需要明确一点，这种认可并不是口味认可，而是先从功能性展开的认可，这让群体消费者对于咖啡馆咖啡的需求由非刚需转为刚需。

正是消费者对咖啡馆咖啡的功能性需求，消费频率会更高，行为习惯也会更加固定。类别规模就会成指数级增长。

同时，功能性需求使得消费者愿意付出更贵的价格，去达到更好的功能性目的，而非大批量导向口味更好的速溶咖啡，功能性是有"功效导向"认识的，那么消费者一定会首选相对正宗的咖啡馆咖啡。

功能性需求的转变，导致了只表现文化正统的品牌，逐渐会失去在文化上的领先优势，而表达产品正宗的品牌逐渐会成为选择趋势。此前论述里曾定义过，对正宗与否的评判，是以文化为基础建立起来的一系列规则标准为依据。产品正宗的认知一般会源自工艺和原料两个维度，工艺体现在机器和人的经验，原料体现在豆子和处理方式。

当然，这个转变过程并非一蹴而就的，也是逐步形成的，但是由于中国一、二线及省会城市的人口规模量级，哪怕是一个相对小的比例，它的绝对量也是非常可观的。稳定的购买频率，以及相对较短的复购周期，是刚需型快消品的统一特点。

在文化认同之外，人们因对咖啡的功能性需求，不断地进行口味适应性尝试。

2012—2015 年的时间段里，在各个地方就出现了一些专门代购咖啡馆咖啡的平台，有微信社群的形式，有应用程序（APP）的形式，也有电话的形式，像做了多次业务转型的连咖啡就是从代购咖啡馆咖啡开始做的。

2015 年前后，咖啡馆的场景习惯已经培养成型，口味适应性因功能性需求从困难变为了中等，稳定的购买频率，较短的复购周期，逐渐上涨的消费群体数量等，咖啡馆类别高速发展的前提条件基本已经具备。

可以看到在 2015 年前后，有很多关于咖啡馆类别的创业，例如连咖啡，最早做配送后来自己做，再后来转做咖啡零售了。包括 MANNER 咖啡是 2015 年做的，瑞幸咖啡是在 2017 年做的。其中最为重要的两个品牌，先后驱动起来了现做咖啡馆类别的类别化发展路径。

MANNER 选择了做星巴克的升级版本，主要体现在口味和形式上，以及对产品的打造上。同时在定类划分上做了类别区隔，也就是精品现做咖啡馆类别在成功实现定类分化后，逐渐形成了类别化发展的可能性。高价值和相对低的定价，是 MANNER 能够出线的另一个关键性原因。这也是为什么 MANNER 会是在瑞幸之后，才有可能在市场上做出有效发力的动作的原因。

瑞幸选择了做星巴克的降级版本，主要体现在价格方面，并且有一段时间内是只体现在价格方面。但是同样，降价不降价值感，降价不降产品质量，这是瑞幸给群体消费者传递出的信息。

现做咖啡馆类别在中国发展的第一个阶段末尾、第二个阶段发展之初，可以做 3 点总结。

（1）咖啡馆类别：卖空间亏损，卖咖啡赚钱。星巴克应该是早就知道，卖空间一定不赚钱，但是人群基数一大外带就赚钱，这可能是星巴克在很早之前，就把全球所有的杯子换成了统一的外带杯子的原因之一。

（2）咖啡馆的需求满足由：精神性需求向物理性需求转变，物理性需求主要是对咖啡的功能性需求，只要涉及功能性，那么更加正宗的咖啡馆咖啡产品的类型，就有了被群体集中选择的前提条件。

（3）咖啡馆类别功能性需求转变，导致了只表达文化正统的品牌逐渐会失去优势，而表达产品正宗的品牌逐渐会成为选择趋势。这就使得新创立的咖啡馆品牌，没有了文化积淀上的弱势存在。类比一下葡萄酒类别的现状，读者应该就可以快速明白，其中没有文化要求和有文化要求的类别，两者之间的差别，对品牌在市场上的发展的影响究竟有多大。

第三节

# 类别闪击战略系统适配

时至 2015 年，现做咖啡馆类别在中国已经进入第二个发展阶段。那么在新的发展阶段咖啡馆类别是平稳发展抑或是格局突变，一般情况下是取决于类别内部新晋企业的战略方针和战术动作。

类别内原有强势品牌没有变换发展节奏的动因，因为只要平稳发展，那么未来的增量市场空间大部分还是它的，没有必要冒过大的风险和投入过高的费用。其他小的连锁咖啡馆品牌再怎么做，也无法改变群体认知，以及引起行为倍增。如果慢慢发展，互相借鉴学习，也是原有老的品牌得利。

2015 年，以星巴克对咖啡馆类别话语权的掌控能力，以慢慢发展的模式去进行拓展，其他企业基本不会有颠覆类别格局的机会。

**卖空间不赚钱，卖咖啡才赚钱，是第二阶段现做咖啡馆类别发展的核心驱动基础。**

在这个全新的类别基础战略方向确定后，此前所谓的咖啡馆就是卖空间的战略路径，就成了其最大的战略漏洞，同时还暴露了类似于星巴克这类空间现做咖啡馆，开大店高昂的成本问题。

星巴克类的空间现做咖啡馆，最大的生意漏洞就是卖空间不赚钱，但是之前选择的点位一般都是以卖空间为要求进行选点落位。直接改卖咖啡又不是很好用。因为卖空间和卖咖啡是两种选址逻辑，同时也是完全不一样的两种战术打法。这是星巴克在中国的困局，不是说不能卖空间，而是要调整卖空间的咖啡馆和卖咖啡的咖啡馆的比例问题。

星巴克在中国市场的失速，这是因为在类别变革早期，没有转过来这个思维，还是纠结于如何做外卖，而没有发觉做外卖之前的问题是门店结构引发的适不适应做外卖，以及一系列的系统问题。

瑞幸则是在捕获到新的类别发展机遇后，第一个可以调动大量资本，全倾全力进行投入的企业。完全把握住了定类分化后新类别创造的市场增量空间，现在咖啡馆类别实质分化为了空间现做咖啡馆类别和外带现做咖啡馆类别，既然是两个类别自然会分化出两种发展模式和路径。瑞幸咖啡通过闪击战略，捕捉到了群体需求，并达成了对其行为需求的充分满足。

瑞幸运用的第一个维度就是伴攻战略：你以为瑞幸的矛头指向了星巴克吗？当大部分人被一轮又一轮营销轰炸后，信以为真的时候，瑞幸的伴攻战略开始奏效。信以为真的不只是看热闹的群众，从当时的行业报道来看，从业者们大都也信以为真。

从现做咖啡馆类别 2018 年的状况看，当时咖啡馆类别只有星巴克比较活跃，其他的像咖世家和上岛咖啡都比较沉寂，更小的品牌市场影响力又不够。很明显哪怕没有市场增量，星巴克外的其他咖啡馆品牌，由于自身问题也将会进一步释放咖啡馆类别市场份额，获取这一市场份额的无疑将会是星巴克和瑞幸。

星巴克自不必说，瑞幸实则是类别发展变化过程中的最大赢家，本该要星巴克亲自竞争的其他咖啡馆品牌，让瑞幸抢先一步，用 1 年的时间做了星巴克想做的事情，并顺理成章地成为中国现做咖啡馆类别第二品牌。

瑞幸在传播层面无时无刻不在对标星巴克，打星巴克、威胁星巴克地位，这种佯攻的战略动作并不少见，但是在商业化品牌运作中，将佯攻战略贯彻始终的是少见的。借着打星巴克的名义，"收拾"了其他咖啡馆品牌，获取了上岛和咖世家等品牌"主动放弃"的市场份额。并且通过渠道形态的改变，高效兑现、引导了群体消费者的购买行为。

同时在品牌认知层面，当你去调研咖啡馆类别品牌认知的时候，瑞幸咖啡出现在星巴克之后，这是比市场份额更重要的资产——认知资产，是品牌商业资产中，核心资产之一。瑞幸仅用 12 个月的时间、16 亿元的投入，兑现出中国现做咖啡馆第二品牌的市场排名和消费者认知，另加 2370 个店面。单从品牌认知资产这一项来看，瑞幸已经赚得盆满钵满了。

而此后瑞幸咖啡经历了种种风波，一点点走了出来。瑞幸走出来的过程有 3 个关键维度因素起到了决定性的作用。

第一个维度是管理团队维度，先是稳固住了门店基础运营，使得基层门店的运营没有受到牵连。调整此前较为粗放的运营策略，转为深度运营的战术打法，减少对高价三方媒介的依赖，开始注重用户端口的传播和自主传播平台的传播。除此之外还有一个方面是瑞幸在咖啡馆类别全民爆品的开发和运营能力。

第二个维度是资本的持续支持力挺，瑞幸在 2020 年的净亏损额达到了 56 亿元之多，面对如此巨额的亏损加上信用风波，如果没有资本的坚决力挺，那么破产清算是必然的结果，资本端为瑞幸提供了继续运营的机会。

第三个维度是类别需求的强度和增长速率进入快车道，整个类别的需求已经被催生出来了，我常说定类就是定需求，就是这个道理，需求的增量是挡不住的。同时不可忽视的是，瑞幸打下来的市场，拥有着坚实的群众基础，不喝星巴克的人，已经习惯喝瑞幸了，瑞幸出品的咖啡馆咖啡对消费者需求的满足是较为牢固的。

瑞幸咖啡风波之后，**资金储备 + 团队运管 + 市场需求形成了正向的商业闭环，3 个维度缺一不可。**

我们在完成宏观分析之后，通过进一步分析，总结出了瑞幸咖啡成功的 7 点关键因素，还是需要强调，瑞幸咖啡的商业案例是一场完美的类别闪击战，而且每一个因素都被应用的恰到好处。

**第一点：定类准，需求判断正确，也就是人们常说的赛道选择准确。** 虽然看似有诸多偶然性，但是从 2015 年后诸多咖啡馆类别的发展模式和盈利模式，都足以成为验证咖啡馆类别需求的证据。

**第二点：模式突变。** 一些咖啡馆从 2013 年之后就开始验证咖啡馆卖空间不赚钱，卖咖啡才赚钱的基本商业逻辑，而这个结论正好是对咖啡馆咖啡需求刚性和规模增量的最好诠释。

需求刚性以及增量空间被确定，如何展开生意就成了各个咖啡馆品牌要各自面临的选择问题。

卖空间模式转为卖咖啡模式，这就是新一轮咖啡馆类别发展的核心动力。咖啡馆模式的突变是对以往咖啡馆经营逻辑在结构上的改变，主要涉及了门店大小、门店落位、门店管理、运营成本、人员培训等一系列问题。

卖空间的门店位置与卖咖啡的门店位置是不同的，星巴克的抢点落位都是在占卖空间的位置，其他一众品牌跟着星巴克抢的都是卖空间的点位，而并没有抢卖咖啡的点位。所以，传统意义上的先发品牌的渠道优势在"星巴克们"这儿就没有了，对瑞幸来说星巴克的先发优势除了普及教育的类别贡献外，其他的并不构成阻碍。并且，瑞幸在很多方面还需要借力星巴克而行。

卖咖啡的门店面积变小后，避开了与卖空间的咖啡馆在商业地产上的争夺。而且，离真正有咖啡需求的人群更加近了，如果说星巴克的门店落位是具备较强的中心辐射能力，那么瑞幸的门店落位则是有着极强的近距离、多点位的散点渗透能力。在去买星巴克的途中经常能遇见两家以上的瑞幸，这样的落位差异在面对功能性需求人群的高频消费时，客群在终端被拦截只是早晚的事情。

门店小了之后房租成本直线下降，直接对应了咖啡销售成本的降低，而不需要再分摊卖空间维度的成本。这样算来基本做咖啡的操作台空间 10 平方米内就可以涵盖掉，那么一个 25 平方米的店面空间就可以营造出一个相对不错感受的品牌门店。

而星巴克则要承担更多的卖空间成本，刨除掉极致爆单的情况下，一个 25 平方米的店的咖啡出品速度几乎与一个 150 平方米以上的卖空间的咖啡馆的出品速度一致，运营成本这块儿瑞幸就可以省下来，成本下降后单店盈利能力强了不少。

**第三点：瑞幸发动的咖啡馆类别闪击战的关键点——速度。**
门店小了运营人员减少，加之更加智能化的运营模式，人员成本同比降低。智能化设施的广泛应用，减少了门店人员培训的周期，同时也减少了门店落位的周期，选店成本更低。只有迅速开店，才能有效地将群体的认知效应转化为消费者的行为效应，进行行为上的兑现转化，使得话题效应尽可能地兑现出单量。当咖啡成为一个社会话题的时候，突击式开店可以迅速捕捉增量需求的人群，尽可能率先与消费者建立关系。同时，还可以摊薄一系列广告宣传的成本。

卖咖啡的门店位置也有优劣之分，那么谁最先占住优质的点位，那么门店的坪效自然就更高。况且，适合卖咖啡的小门店，其他业态的盈利水平不算太高，所以租金相对来说没有那么高。一旦商业地产知道了原本不是主流的物业一下子成了品牌方的香饽饽，租金涨价是必然的，所以早斩店成本优势也是不可忽略的一环。这就是瑞幸通过速度形成的"门店闪击"。

一般情况下卖咖啡的门店离消费者更近，相比于卖空间的咖啡门店来说。多数时候在去卖空间型咖啡馆的途中，会经过两到三家卖咖啡的咖啡馆。你的消费者天天被别人惦记，而且人家更近，结果可想而知。这就是瑞幸速度形成的"入口闪击"。

如果说距离更近还能有所限制，那么触手更长则没办法限制了。远程下单、自取或配送，这就是典型的互联网思路的打法，而且可以说是中国式互联网模式的打法。这一点缺失星巴克短时间内是无法弥补和内生的。在商业竞争中，快一步都会形成巨大的领先优势。

举一个例子大家就容易理解了，原来大家都是吃完饭去排队买个星巴克。而瑞幸呢，你可以在吃午饭的时候就点一杯，吃完饭直接去门店拿就好了。单纯从主要营业时段的延长这一项来说，瑞幸的效率就要高出星巴克一倍还多。这就是瑞幸速度形成的"下单闪击"。

多维度闪击战后，瑞幸形成了一系列规模优势，从而形成了倍数级的组合收益。

**第四点：瑞幸品牌对咖啡馆类别价值需求的良好保持，简单来说就是看起来还挺有档次，没有低端滥造的感受。**

这一点从瑞幸的门店装饰装修、销售物料、产品包装、原材料选择，以及代言人和传播形式上等多个维度，都在给消费者传递瑞幸是有品质感的品牌。高级感的类别价值需求并没有被摒弃，反而是越做越踏实。

**第五点：类别定价权的掌控能力，简单来说就是在定类分化后，对新分化出来的类别的主流价格带的把控能力。** 低于星巴克一倍至两倍的实际购买价格，是人们愿意尝试瑞幸咖啡的重要原因之一，也是人们愿意尝试咖啡馆咖啡的核心驱动力。降价过程中，瑞幸并不是一味的低价，首先瑞幸在低价中有裂变，形成了不断拉新的循环。而且，瑞幸降价是不买吃亏的刺激程度，对初期拉新的转化率和后期买券持续转化率，都形成了高效促进的作用。

同时，瑞幸提早预判了咖啡馆主流价格带的区间，提早意识到咖啡馆咖啡降价是一个必然的过程，只是晚一些时间的问题。如果率先锚定星巴克的高价为标准进行降价促销，起效作用一定是低于以回归实际价格带作为锚定价格的降价感受。也就是说与其让价格在多方竞争中价格逐步下跌，还不如自己先把价格一降到底，不给其他新晋对手在价格维度留有掀起舆论的机会。这一步操作有效避免了便利店咖啡价格对瑞幸咖啡在价格上予以冲击的可能性。

同时，瑞幸咖啡的价格带，使得现做咖啡馆咖啡在产品品质上与价格之间找到了相对的平衡。这个平衡来自三方面：一是平衡了消费者高频消费场景下购买力限制，哪怕每天喝两杯也不会觉得贵。二是平衡了商家的成本与收益。三是平衡了咖啡品质与价格之间的认知感受，也就是说类似这样的口味的咖啡卖这样的价格，消费者是可以接受的。这就是为什么当全家、便利蜂等便利系统推出个位数价格咖啡时，并没有引起太大的轰动。一方面是瑞幸价格设置的优势，另一方面就是消费者对专业咖啡的需求，是在寻求性价比的比值，而不是一味追求低价格。

瑞幸的降价是利用了主流价格带降低之前，人们仍然锚定星巴克的主流价格认知时，主动进行一步到位的降价，既促销拉新又赢得了良心定价的风评，同时形成了对竞争对手在价格上的封堵。

为什么现做咖啡馆咖啡价格一定会降，因为在快消品和餐饮类别中，在绝对价值不变的前提下：需求量和普及率以及消费频率与定价高低必然会形成反比关系；需求量和普及率以及消费频率提升越快，主流价格带则必然会迅速走低。

降低的生产成本一方面体现在售价中，另一方面则会转给到营销成本中去，形成生产成本降低而营销成本提升的反差局势。这一点也在我正在写的书中做过详细的论述，所以降价是必然的结果，大家可以回顾一下你生活中的高频率消费品，从不普及到普及的过程，它的价格一定是经历过由高到低的下降过程。

价格维度讲到这里还不是关键点，关键在于瑞幸咖啡对外带现做咖啡馆类别，咖啡主流价格带定价权掌的控能力，瑞幸在 10 元左右一杯的时候，人们蜂拥而至；13 元到 15 元的定价时，买的人群基数更多；15 元到 20 元时，购买人数还在上涨。基本上可以确定，外带现做咖啡馆咖啡类别，主流价格带就在 16 元到 23 元之间，并且形成了 3 个波峰，16 元左右的小波峰，19 元左右的大波峰，23 元左右的小波峰。并且留有了负 3 元到 5 元的，常规价格促销空间。

一般来说，零售商品一般降价容易提价难，然而瑞幸现在做到了提价几元的时候消费者无感或不在意，涨价了依然影响不了购买意愿，这就是对类别定价权掌控能力的体现。

单纯在定价权掌控这一点上，中国新式茶饮类别的品牌们，在价格维度的操作上就差一些驾驭能力，而且头部品牌已经开始降价操作了，这其实就是定价权失控的结果。

瑞幸咖啡对类别定价权的掌控能力，关键的点在于其一开始就没想要卖到星巴克的定价。如果一开始瑞幸认定星巴克 30 元左右的价格，同样也是外带现做咖啡馆类别的主流价格带的话，那么瑞幸咖啡最优惠价格应该在 15 元左右，而不会是 10 元左右的促销价格。综合成本考量，瑞幸一开始想要做的价格带就是 20 元左右的价格范畴，所以它才在咖啡馆咖啡促销时直接做到 20

元的半价。

这点恰好就是我们前面说的价格认知优势，不买就感觉自己吃亏了，因为在消费者心里是锚定了星巴克的价格，一杯星巴克咖啡的价钱能买 2 到 3 杯瑞幸咖啡，产品和品质以及品牌都不差。这时候就出现了供方锚定价格与需方认知价格锚定点有了价格认知差，需方价格认知远超供方实际锚定价格，所以这就会放大瑞幸的价格优势，同时提升低价的收益结果。

瑞幸在定价权控制上还有一个技巧值得深入分析，就是**价格是直接作用于价格，还是价格间接作用于价格的选择问题**。一般情况下价格直接作用于价格，消费者较为敏感，比如涨价一块钱，这是多付出的成本。

而价格间接作用于价格的体系，调整起来会相对好接受，原来打 3.5 折，现在打 4.3 折，这里面的增加的 0.8 折并不是消费者付出的成本，而是消费者少占的便宜，虽然涨了 0.8 折但是便宜依然占有，只不过是占的便宜相对少了而已。

少占了的便宜也是白占的便宜，多花的 1 角也是多付出的成本，也就是损失。这就是行为经济学中所说的损失厌恶。但是这个技巧最好不要在品牌里用实际金额来实现，一定是要用折扣的形式来实现。一方面是在不同单位之间的换算过程中，会降低消费者的价格敏感度。另一方面是减少价格对产品价值认知感受的直接影响。

现在瑞幸一个产品右边有 3 个价格标示：原价，最不显眼；优惠价次显眼；实际购买价最显眼。这就是通过高定价实现了价值认知的维系，在隐性感知中，瑞幸与星巴克由于定价几乎一致，所以产品价值可能是几乎一致的，而后续的折扣过程，只单纯涉及了成交价格，而不会干预产品价值认知。

外带现做咖啡馆咖啡主流价格带能被瑞幸掌握，体量规模则是一个充分且必要的条件。门店数量的重要性在这里就体现出来了。

**第六点：产品创新以及可控的产品品质。**产品是性价比比值的最终载体。

产品品质是瑞幸生存并获得喜爱和社会话题的基础保障。这一点大家应该深有体会。

同时，瑞幸的产品体系带动了传统咖啡饮品的多元发展方向，摒弃了传统咖啡的规规矩矩，而有了更多元的产品研发思路。商业和产品端口的联名合作，在近期都取得了良好的市场反馈。那么，每一次产品类型的创新或联名，都是在扩大现做咖啡类别的群体规模。笔者曾在 2019 年的分析文章中，就建议瑞幸要非常重视联名活动。

**第七点：就是瑞幸建立的自有的会员体系，和自有的线上销售体系。**纯粹的线上销售流量池率先被建立起来了，这对于一个品牌的持续的内生性的产品衍生，有非常大的推动作用。

只要人群数量到达一定的基数，所有的产品第一波的话题都可以在自主渠道上获得，而线上信息的传输速度是毫秒级别的，话题性有了之后产品的购买和兑现就能形成二次潮流，比较容易形成潮涌效应。这是话题自主发动能力。日常销售的氛围影响，以及精细化客户运营，都是可以基于系统和社群有效展开。

至此，瑞幸咖啡成功的 7 点要素就已论述完成。然而以上的分析都是静态的总结，接下来，找几个关键维度进行动态比较分析。

既然是闪击战那么对星巴克的首要打击就是突然变奏，自营为主的连锁餐饮品牌，一旦变化发展节奏，后面的后勤补给人力资源跟不上的话，那就是管理灾难。然而这些都是需要依靠，计划性的战略储备来完成的。

瑞幸实现了类别发展节奏突变，同时结合了模式突变，从卖空间转变为卖咖啡，给予了星巴克双重打击。就算星巴克的人力资源储备的人才体系可以支撑其一年开 100 家大的空间店，但是竞争对手的模式人才储备要求较低、培养周期较短、数字化弥补了人员素质短板。同样的人力资源水平，瑞幸因模式差异一年可以开 2000 家店，有中店，有小店，有岛店等，就是不开卖空间的大店与星巴克正面竞争，而且整个体系建制齐备、战术明确、营销动作配合网络与实体。

难怪星巴克到现在急得依然是怎么做外卖。它仍然没有意识到，卖空间的咖啡馆有可能并不适合卖咖啡，而卖咖啡的咖啡馆离消费者更近。一些人会想，星巴克也开卖咖啡的店不就行了吗？也不尽然，难道它可以做两套价格体系吗？这是不可能的，买星巴克咖啡的人无论需不需要店内的空间，都要不可避免的分摊它的空间成本。回归本质，核心的问题并非是空间，而是空间的成本转嫁到产品定价上，也就是定价问题。给予群体消费者的价值感受趋近而又无法拉开差距，提供的产品解决方案无法被消费者百分百享受到而又要付出全额成本，这便能充分说明定类划分后，各自类别的主流价格带同样会被区分开，并不是想要同价就同价。

人们在外面的空间需求会消失吗？不会，反而会随着超一线城市的返乡潮，将这种习惯带回二、三线及以下城市。商业地产成本较低的地方，现做咖啡馆类别的空间红利还会存在。但是，在一线城市里，卖空间卖不过卖咖啡，咖啡馆品牌要做的是平衡卖空间和卖咖啡之间的门店数量关系。并且，类别定价的锚定点是以卖咖啡来设定，而不能以卖空间的咖啡馆去设定。

没有空间负担的品牌，可以把开大店的租金、运营成本，去降低产品价格，构建产品通路，构建品牌认知，开发新的产品，推动产品体系的话语权建立等一系列作用于咖啡自身的动作。

当时瑞幸的闪击战是全国上下一盘棋，战争以点状分布遍地开花，其他品牌防不住。一个小店的装修周期最快 10 天做完，太快了。加之瑞幸咖啡用传播作为空中打击力量，是无地域无差别覆盖的，只要有地面部队跟进，区域内超低价加上社群传播，就能实现强力兑现反馈，只要门店落位，就有销量和流量，外卖加上手机远程点单或门店自助下单的自提形式，是在多个维度对传统咖啡馆类别进行了颠覆。

星巴克当时只有现点，地面阵地肉搏战并不是瑞幸的对手。从结果来看，星巴克面临瑞幸布点围攻，前期损失 20% 以上的收入是必然。后期能不能补的上，我的预估是能补的上。因为，大家都在追求咖啡馆类别的增量空间。但是，在持续竞争过程中，星巴克的销售额下降是必然的。

还是此前的定论：没喝过星巴克的人已经习惯喝瑞幸了。综合来看，星巴克面临的困境并不是一个简单的问题，而是较为复杂的战略结构转型问题。咖啡类别的发展，不单单是咖啡馆类别的竞争，其他领域都在发生突变式的转变，而这场类别战争，不是孤胆英雄战恶龙的剧情，而是群雄逐鹿的时代大戏。

近期类别数据反映，产品创新弥补了咖啡口味适应性差的弱点，卡布奇诺、拿铁这类奶咖以压倒性的优势成了人们首选。咖啡的口味适应性问题在中国一直没有得到有效的解决，但是这个时候人们对正宗咖啡的认知已经发生变化了，加奶的咖啡也能算作正宗的咖啡，不苦的咖啡也能算作正宗的咖啡，就如同欧洲人不适应纯茶而往茶里加奶的情况一样。

截止到 2022 年 4 月 7 号，瑞幸在门店数量上超越了星巴克，正式成为中国连锁门店最多的咖啡馆品牌。瑞幸咖啡门店达 6024

家，超过同时期星巴克中国公布的 5557 家，星巴克中国门店数量占星巴克全球门店数量的 16%。星巴克公布了 2022 财年第二财季财报（截至 2022 年 4 月 3 日），中国市场净收入下降 14%。同店交易量下降 20%、平均客单价下降 4%，星巴克在中国市场的同店销售额下降 23%。与星巴克数据大幅下降不同，2022 年 3 月 24 日，瑞幸公布了未经审计的 2021 年四季度和全年财报，显示 2021 全年营收为 79.65 亿元，几乎是 2020 年的两倍，全年按 GAAP（国际财务报告准则）口径净利润为 6.86 亿元，扭亏转盈。

2024 年一季度，瑞幸咖啡总净收入为 62.78 亿元，同比增长 41.5%。第一季度门店数量净增 2342 家，门店总数达 18590 家。自营门店收入第一季度为 45.80 亿元，较 2023 年同期的 31.40 亿元增长 45.8%。自营门店层面利润第一季度为 3.21 亿元，自营门店层面利润率 7.0%。联营门店收入第一季度为 15.08 亿元，较 2023 年同期的 11.35 亿元增长 32.8%。一季度净新开门店达 2342 家，包括 2 家新加坡门店，总门店数量环比增长 14.4%。截至第一季度末，瑞幸咖啡门店总数达 18 590 家，其中自营门店 12 199 家，联营门店 6391 家，门店已遍布中国超过 315 个城市。共上新 22 款新产品，包括褚橙拿铁、小白梨拿铁等畅销新品。其中，小白梨拿铁首周销量突破 724 万杯。今年 4 月，在瑞幸生椰拿铁推出三周年之际，单品销量突破 7 亿杯，橙 C 美式年销量突破 1 亿杯。一季度瑞幸新增交易客户数达 2292 万，月均交易客户数突破 5991 万，同比增长 103.2%。从 2024 年第一季度来看，瑞幸咖啡总净收入和门店数量持续稳步攀升。但受季节性以及激烈的行业竞争等因素影响，利润有所回落。非美国会计准则（Non-GAAP）下营业利润为 500 万元人民币，营业利润率为 0.1%。

从多个维度来看，瑞幸咖啡的类别闪击战无疑是大获成功，正是瑞幸打破了星巴克在中国咖啡馆类别的垄断，使得咖啡类别在中国实现了综合维度的发展，惠及整个咖啡类别产业链。

## 第四节

# 多样需求横纵双向分化

　　回归群体消费者对产品本身的需求路径上来，沿着产品风味维度的演化就有 3 类不同的入口可选。多样性需求、新奇性体验、专业性追求，无论以哪一个为目标进行产品创新，都会呈现出不同的产品以及拓展出相应的系列。产品的衍生是一个"更"的过程，而并非是有着固定的终点，到了就自然终结。而对于"更"的需求的产品化创新满足，就是新的类别商业机遇。除了产品自身外，价格、场景关系、需求类型、便利性等维度，同样会左右决策的最终结果。需求分化和类别发展，都是在动态中衍生新的变化，所以，类别内部的商业机会仍然存在，哪怕是规模化的发展机遇依然有较多的可能性。

　　围绕着这个"更"的范畴，库迪就进入了更便宜的价格入口。从战略层面定义，瑞幸对咖啡馆类别发动了类别战争，结果是"空间现做咖啡馆"完败于"外带现做咖啡馆"，瑞幸创造出了"外带现做咖啡馆"的新定类，能够在短时间内达成这个战略目的，决定性因素是价格。价格达成了对非咖啡群体的强烈刺激、咖啡人群的选择转移，以及最终两类人群的选择习惯的建立，结果就是咖啡频率和复购率的提升，其中最大的市场份额导向了瑞幸品牌。

定类创新创造了新的类别出来，带来了需求红利，实现了瑞幸咖啡现在的局面。是"外带现做咖啡馆类别"对"空间现做咖啡馆类别"发动类别战争后的胜利，归根结底，是群体消费者从2015年开始，对咖啡馆类别需求的分化转移造成的结果。

从定类的视角来看，"外带现做咖啡馆"这个新类别被创造出来后，瑞幸咖啡控制了这个类别，拥有绝对类别支配地位的权利，尤其是类别定价权利。那么，如何定义9.9元、8.8元这样的超低价的现做咖啡的现象出现，才是我们有效判断复杂市场局面的前提。

笔者判断这是一场发生在"外带现做咖啡馆"类别内部的类别战，库迪咖啡希望通过定价的差异，在"外带现做咖啡馆"类别内部进行定类细分，也就是想要新创造"低价外带现做咖啡馆"的类别，从而实现与瑞幸咖啡在同一个类位层级的市场认知，即瑞幸等于"外带现做咖啡馆"，库迪等于"低价外带现做咖啡馆"。在产品看起来都差不离的情况下，低价是有利于拦截新增流量的。

宏观数据显示，从"现做咖啡馆"这个超位类位来看，类别依然处于增量市场阶段。库迪的低价策略大概率会奏效。现在对于瑞幸来说，整个战略局面就变得明朗起来了：价格可以一起低，但是要有更多的新类别。并且，类别要有定价权的最终。

战略判断涉及两个维度：（1）阻止定类细分。（2）类别定价权之争，决定了谁能控制类别价格带。

类别领头羊品牌，应该重视的是类别定价权的掌控能力，这是战略级的问题。这也是为什么瑞幸不允许"低价外带现做咖啡馆"类别被创造的核心因素，因为一个类别被创造，必然会衍生出一个新的类别价格带，那么创造出这个类别的品牌会直接拥有这个类别的定价权。

价格是促进购买的认知前提，同时也是产生购买的最终环节。当新的类别价格带被建立后，在产品看起来一样的前提下，购买行为和习惯的转移，将会成为原有类别也就是"外带现做咖啡馆"最大的隐忧。

瑞幸的规模化优势基本已经探到了现做咖啡类别的最优成本结构，所以价格战的不可持续性是必然的，但是价格战的牌桌，瑞幸是要上的。当瑞幸跟进后，消费者对类别的价格带认知随之拓宽，即"外带现做咖啡馆"的价格可以是8.8元，甚至可以是5.5元。所以，库迪想要通过价格手段建立"低价外带现做咖啡馆"新类别的打算大概率是会落空的。

这一波下来"外带现做咖啡馆"渗透率会再上10个点左右，尤其是三线及以下的下沉市场。库迪的启示有3点：（1）在常用消费品类别里，低价是好用的方法之一。瑞幸当初是三分之一星巴克，库迪现在是一半的瑞幸。（2）现做咖啡类别依然处于增量市场阶段。（3）瑞幸做得对，从内到外我参考与完善得最像，是有效果的。

库迪这一轮运用"更低价"的战略成果，并不是百十个门店的拓展，而是几千家的迅速扩张。间接说明了现做咖啡类别内部的增量发展空间依然广阔，商家可以围绕着产品、价格、场景三个维度，去进行定类创新或定类开创。基本上可以总结起来为价格上纵向梯度化拉伸；产品上横向类型化创新，同时伴随着单品类型专业化的深入演进；场景上的特色体验差异，有着与契合产品进行空间复合的机会；通过品牌进行信息化的总和汇聚，再与群体消费者建立相应的沟通。

基于营销科学原理的学科化视角分析，以及餐饮类别定类营销分析框架图的范畴，对现做咖啡馆类别未来发展趋势做出不同维度的预判。

**第一个预判：中式现做咖啡馆海外扩张机会。**

中国市场的转变在于影响和被影响地位的转换，由被动接受向主动输出转变，不再一味被影响，现在在国内市场得到验证的产品，同样可以影响世界。这就是市场先进性的实际效用之一。

同时，市场先进性还代表着整体行业门槛要求的提升，市场门槛变高了，国内品牌在对外竞争的时候，自然可以有一战之力。况且，我们在咖啡口味的开发上，已经处于领先地位。

中国现做咖啡馆品牌出海对外扩张，既可以选择发达国家市场，也可以选择发展中国家市场。中国文化先进性使得国内品牌，无论在哪一个市场拓展，都拥有文化背书。

**第二个预判：中国本土咖啡品牌对国外品牌在国内市场替代。**

这不只是咖啡馆类别的单一市场现象，在消费品类别中正在经历一个这样的路径：进口商品－国产替代－国货替代－国牌替代，现在我们坐二跟三追四。而追四的关键点就在于，文化自信和制度自信的程度和普及范畴。

文化认同是产品认同的前提，中国市场在文化自信的前提下，中国本土咖啡品牌正在朝着这个预期努力，替代国外咖啡馆品牌，成为驱动类别发展的主力。

**第三个预判：产品定类分化和创新趋势。**

中式咖啡形态产品的出现，将成为咖啡馆类别主要竞争维度之一。像是中式原材料：桂花、杨梅等，还有中式糕点的搭配等，其中最为重要的是产品或产品组合的标准构建。中式咖啡想要类别化发展，就需要有具备通识性、共认性、标准性的产品出现。使得群体消费者有效认知到，中式咖啡类别产品的特点。

咖啡产品的多元化发展和创新，无论在口味还是形式上，都有着不错的机会。不仅是咖啡馆类别，前面做定类划分的其他 6 类咖啡类别，都有定类创新的机会。

**第四个预判：定类分化与渠道专业化趋势。**

精品现做咖啡馆成为定类分化的又一个新趋势。精品咖啡馆满足了消费者对咖啡口味个性化、多元化的需求，以及专业化的需求。产品上的差异性，无论是从观感上还是口味上，是能够被有效区分开的。同时，提升咖啡馆类别的产品价格，是高价格和高价值的发展方向。

由于消费人群的习惯养成和文化深入，独立咖啡馆品牌的生存机会和空间也在逐渐显现。基于对群体消费者产品专业化和多样化需求的满足，这类商业类型的市场空间将会愈来愈大。

咖啡类型化后的单一类型产品的专门店的入口机遇。例如，拿铁专门店品牌，这个品牌对于拿铁类型产品的研究和出品，到了一个非常专业和丰富的地步。至于店内是否有其他类型的咖啡产品，这并不影响品牌信息上对外部沟通的信息专一性。

可以从类别定价权的视角分析"现做咖啡馆类别"的价格范畴。预计"现做咖啡馆类别"最终会出现 4 个价格均衡点，分别是：超高价均衡点：36 元以上，精品现做咖啡馆类别；高价均衡点：24 ~ 35 元，空间现做咖啡馆类别；平价均衡点：13 ~ 23 元，外带现做咖啡馆类别；低价均衡点：12 元以下，便利店咖啡类别等。主流价格带范畴大概会有：±3 元区间的误差。

**第五个预判：类别增量空间机会和其中的底层逻辑。**

咖啡馆类别未来增量市场，是抢占以返乡潮驱动为主导因素的 2 线及以下区域市场。伴随着其较强的功能性提示，一旦跃过口味适应性门槛，以及一定的行为转化后，个体需求量的上升是倍数级的。

类别增量空间一方面是饮用人群的扩大，这是第一阶段要达成的目的。第二阶段需要实现的是个体饮用频率的翻倍，由每周喝一次提升至每周喝多次，由每天喝 1 杯提升至 2 天喝 3 杯。慢慢地就会有一部分人，从饮用者向玩家群体转变，其频率和花费投入，都会再次提升一个台阶。咖啡群体会逐渐分层化。

饮用场景差异和产品类别分化需求的产生，又会形成现做咖啡馆类别产品零售化的生意范畴外延机遇，这样一来会带动咖啡类别总体市场份额的增长。

**第六个预判：现做咖啡类别，社会价值引入机遇。**

星巴克早期在中国得以被中产白领认同的核心原因，是社会价值的集中认同，这里显性化的表达就是有层级差异的星巴克会员卡。电子化之后，这一维度的实效是星巴克失速的原因之一，也是人们迅速认同瑞幸的前提。

当电子化取代了实体卡的显性社会价值功能后，这一部分的维度的需求满足就开始逐渐萎缩。但是，这一部分的需求却依然强烈存在，如何显性化社会价值的表达，成了重中之重。

例如，现阶段同样可以基于手机，实现显性的电子卡特效呈现，并且更加炫酷和特色。

现做咖啡类别品牌，对消费者社会价值需求的满足，是品牌们新一轮需要解决的问题。

# 附录 1
# 阶层化需求

要理解阶层化需求这个概念首先就要明确阶层衍生的基础，从营销科学的范畴来看，主要因素是社会财富分配的结果，即购买力的不同。因为我们研究购买行为，必然要根据购买力来恒定。次要因素是社会分工的结果。

阶层首先描述的是，以人群分工形成的基础社会群体组织结构形式，导致的物理上的人与人的群体性差别；其次描述的是，以阶层内部人群所在组织层级之间的差异建立的组织与被组织的劳动关系形态；最后描述的是，以财富拥有数量的多寡导致购买能力和选择范畴的群体性购买结果差异。

对于一个稳定的社会来说，有两个因素是最为关键的：其一是阶层之间是否留有较强的流动性通道，以及流动性通道的开放大小；其二是达成阶层跃升的方式是否具有普遍的公平性。

阶层化需求是在营销科学的范畴中，也就是购买力的差别，但是这只是一个主要因素，并不是全部因素。例如，全部因素占100，购买力因素只占30，其他因素有无数个，只不过单一因素体量不超过30而已。

我们要基于营销科学范畴去讨论这个问题，就不能回避掉这个现实存在的路径，这里没有任何价值判断的地方，只是实际讨论购买现象背后的行为逻辑。

总结来说，人们在购买决策的背后出现了 3 个分层，先是价格分层；紧接着是认知分层，最后表现为需求分层；还原到购买行为上，就会出现一系列差异。在这 3 个分层中，是有一个前置的条件，即社会财富初步分配完成，社会阶层体系初步形成；简而言之，财富分配，群体分层。

财富分配的过程是依据自身劳动力价值产生的一个非平均分配的结果，这样便形成了不同的收入差异。收入差异并非是个体与个体间差异，而是群体与群体之间的差异先于个体与个体间的差异，收入差异和群体间的差异衍生出来之后，购买力和购买意愿就会形成基于财富分层和群体分层的差异。差异最终会体现在对产品的认知上和需求上，直至贯穿到产品购买和使用以及二次传播环节。

财富分层影响的是绝对购买力，也就是能不能买得起；群体分层影响的是相对购买力，也就是想不想要去买。共同组成了以价格、认知、需求，为结果的分层，注意这是分层而不是差异，意味着是有硬性隔层存在的，是多个维度作用的结果。

隔层的深层次社会原因在于财富分配的差距。

阶层化需求的商业现象是价格阻碍与认知阻碍。大家应该有所体会，中国市场在近 10 年内消费品类别中的变化，其中最为明显的现象是在一个类别中，产品的定类划分越来越细、越来越多、越来越多样，也就是产品越来越丰富。与此同时，同类产品之间的价格带分布的层级越来越多以及越来越密集，同类产品之间价格差距拉得也越来越宽。

单纯从吹风机这个解决方案的产品定价来看，市面上常见的产品定价从 19 元到 3000 元不等，整个价格区间能找到分属于不同价格带分布层级的产品。颇有些消费者有多大脚，商家就有多大鞋的意味。消费者无论有多少钱想花，商家都能包君满意。

2010 年前后的时候，中国市场上进入主流选择区间的吹风机价格基本上不会超过千元。而戴森进入之后，吹风机价格翻了 2.5 倍左右，而且 2500 元以上的吹风机竟然能掀起群体共识。并且在不到 5 年内就完成了类别价格颠覆，构筑了二手市场 1000~1500 元的入门价格区间、海淘和补贴型或老款产品 1500~1850 元的次级入门价格区间、全新国行新品或官翻套装 1900~3000 元算配件的主销价格区间。

消费者为什么能够接受突然之间贵的这么多的吹风机？首先是超高的定价，吸引了有购买力的人群，无论是自用还是送礼抑或是奖品。这里大家记住一个观点：在某些情况下，价格是判断价值的指标。产品的一切价值，无论是标签价值，还是技术实用价值，抑或是效率提升价值，多数情况下都会附着在价格之上的。

高价本身就是一种竞争力。但是，不可避免的是要有产品力和品牌力还有传播力作为辅助。其次是在超高的定价的前提下，你是否愿意认可品牌宣传或社交媒体上的一些宣传话术。在自用的场景下，在价格不构成购买阻碍的前提下，或是阻碍并不大的时候，从整体数据来看，不同阶层接受起来的速度是不同的，接受程度也是不同的。

这就会导致购买意愿的差异。一部分人虽然价格不构成购买阻碍，但是就是认为不值得没必要，同样是吹风机，200 元的一样能吹干头发。一部分人虽然价格构成了些许阻碍，但是就是认为这个东西值得，可以让头发不干枯等理由会形成强烈的购买意愿，平台上的分期付款，也为其提供了购买的方便。

认知分层与需求分层与价格分层 = 购买能力与购买意愿，左 3 右 2 匹配成功了，购买行为就达成了。至于到底有没有差异、有没有效果，抑或是有没有攀比心态等，或是"智商税"等诸如此类的问题，这些我们不讨论。

但是，确实说明了人们面对一类事物的时候，产生了多元化的认知分层以及需求分层。由此产生了以阶层化需求为依据的购买行为。

大家需要重视这个需求现象，并且深切地期盼国产品牌能够抓住阶层化需求的机遇，做出物美价高的产品和品牌出来。不仅可以在国内竞争，同样也可以进入国际市场竞争。华为手机业务在国内国外的竞争策略就是如此。

而这种分层在实际操作中，跟大家常用的人群划分不太一样，与年龄、地域这类粗糙的颗粒度划分方法不同，而是一种更加细微指标的划分，例如日常单次理发护理的价格在 300 元以上、300 毫升洗护套装的价格在 200 元以上、航空公司金卡会员……诸如此类的细颗粒度的划分方式，会对大家做出准确的人群定类有较大的帮助。

当市场也就是消费者普遍接受了戴森的定价，说明了我们的分析思路和定义是准确的。戴森拉开了吹风机类别的价格带，就留下了一条更长价格带空间的品牌定价区间的机会。以 500 元为定价节点的话，里面至少增加了 800 元、1300 元、1800 元左右的品牌定价区间，更细节的划分可以用产品档次进行区分。这是新的市场份额的机遇，就看谁能抓住了。

阶层化需求对于营销行为影响在于 7 个层面：一是从宏观上改变了人们对于需求范畴的理解，表现行为之一是从粗糙的划分转为细致的划分；二是重新理解价格与价值的关联性；三是说明了价格带的拓宽，就有可能创造出新的品牌机遇或是产品机遇；四是明确了价格与价值在某些情况下的直接关联；五是明确了阶层化需求的存在，并且消费者接受这类产品；六是准确定类人群后，对内容和媒介的选择将会更加准确；七是最重要的，通过这个营销名词让人们重新理解了需求的范畴。

酒店行业早就这样做了，并且建立了完善的会员体系。最为常见的就是星级划分，六星、五星、四星、商务、快捷、青旅。

同样是为了满足阶层化需求，怎么判断呢？3 个分层两个条件，认知需求价格分层，购买能力购买意愿两个条件。

有阶层化需求现象，就有反阶层化需求现象。T 恤就是一个反阶层化需求的例子，原来大品牌的 T 恤卖几百块、几千块，而优衣库则直接将 T 恤做成了反阶层化需求表达的产品，任何人都可以买我的 T 恤。而这几年国产 T 恤的电商品牌，售卖的"棉厂类" T 恤，更是把这种 T 恤回归产品价值的价格趋势延续下来了。

1688 网的供应商价格的产品，更是将反阶层化需求做到了一定的极致。一定程度做到了让产品定价几乎等同于产品原材料价值。阶层化需求拉宽了类别的存在疆域，增加了类别内部的生存空间范畴，无论是阶层化需求，还是反阶层化需求的产品和品牌，都生存于这样的空间疆域里。这种对立是阶层化需求的一体两面，并非绝对对立，也不是谁消灭谁。

对于营销领域来说，意识到阶层化需求的存在，将会对市场和品牌或多或少形成一些新的认识，至少是多了一个思维的切入角度。阶层化需求的 3 个阶层两个条件，同样适用于反阶层化需求的分析中。从实践角度来看，以阶层为前提的需求研究和分析，才会更加准确。

# 购买需求异化

从营销科学视角，在理论化描述需求时，购买需求本身的异化，已经成为人们购买时的，核心驱动因素之一了。

多数情况下，人们在购买需求内，所做的关于购买需求的分析，是其异化前的结论，而异化后的这个更关键的归因，却鲜有人提及。购买需求异化，是营销科学学科视角的专属的，对需求进行超边际判断的维度，从新的维度着手分析购买需求，会得出新的系统性结论，并且这个结论具有普遍性。

## 1. 购买需求异化：购买需求的双向转移

在营销科学视角内，有两种分析需求的维度。直接做人对物的需求的分析，是一种边际分析的结果，运用商品属性论的分析框架就可以解决，做购买需求异化的分析，是一种超边际的分析，就需要我们从今天的内容框架中去求解。

购买需求异化的结果，会催生两种主要的切实的购买现象发生根本上的变化，导致的结果是，需求总量的倍数级上升。

这看起来对于供需两方来说，都不是一件坏事儿，供方卖出了更多的产品，赚取了更多的利润，买方买到了更多的东西，得到了更多欲望的满足。

购买需求异化导致的，两个主要的购买需求转移之一，就是从通过购买的物满足需求转移为购买满足需求，购买从行为过程转变为主体目的。这与此前的购买需求的路径和结果截然不同。

购买需求异化前，人们的购买需求满足，是通过购买到的物去实现的，购买占据需求满足路径中的很小的一部分。购买需求异化后，购买这个行为，几乎独立完成了购买需求的满足，也就是说购买本身，满足了购买需求的大部分。

购买需求异化之前，购买后与实体的物打交道的环节，是达成需求满足的主体。购买需求异化之后，购买前与信息的物打交道的环节，变为达成需求满足的主体。

如果对这一点有疑问，读者们可以看一下自己每天浏览购物类 APP、推荐类 APP 以及其他与购买相关 APP 的总时间，就会让大家快速理解这一部分的含义。

两个主要的购买需求转移之二，就是从通过对物的需求，转移为对新的物的需求。这个新，不仅是新的东西，也包括新颖的、新奇的等维度。新的需求，确实能够刺激购买。

购买需求异化的第二个维度，大范围缩短了物的购买周期，这意味着物的使用周期将会极具缩短，在一次购买周期内。

在什么前提下，才能催生这两类购买需求异化现象的出现？两个维度的前提做基础，一是购买力的大幅度提升，同时这一群体的基数至少占据 20% 以上的份额。二是物的流通有非常大的便利性提升，其中包含了信息的物和实体的物，两种意义上的物的内涵，而这里信息的物的功能占比，应该会是更大的。

购买需求异化与正常购买需求的差别在于，前者并不是创造出来了新的切实的需求的空缺，而是制造出来了真的需求存在的假象。

## 2. 概念应用范畴：准确理解、有效分析、合理判断

对于我们来说，一个营销名词的有用之处，不在于它有什么"绝活式"的解释能力和功效。我们更看重的是，可以通过这个营销名词，能够更加准确地理解营销现象，理解之后分析就会变得更加有效，进而可以帮助决策者，做出更加合理的判断。

理解购买需求异化，对于商业判断决策来说，在区分生意是否是异化的购买需求时，就可以判断需求基础数值，以及如何使得异化了的购买需求，长效存续。定类判断之后，对于正常购买需求以及异化后的购买需求，不同的处理策略以及应对战术，就有了判断的前提依据。

当然，到目前为止，在多部分的购买环节时，两类需求我们

只能模糊地说出其占比多寡，谁主谁次，或更加精确一些，在不同类型的群体中，不同的主次之分，而无法把两者拉扯开，进行非此即彼的单选判定。

同时，我们可以理论化的认识到，购买需求异化的结果，主要是通过信息的物对需求者的需求的外部刺激达成的。进一步我们可以理出一个简单的公式：基础需求＋刺激需求＝需求总量。

这个需求现象对于解释消费行为和消费现象，会提供营销科学视角下独特的需求观，为大家更准确和有效地把握营销事实，提供了相应的辅助。

### 营销学科学化发展实践研究

笔者的《营销科学原理》在中国科学技术出版社出版，这本书的分析框架主体有两个，分别是3Picdb营销分析框架和餐饮类别定类营销分析框架。3Picdb营销分析框架其中包含了对产品专门进行专项分析的商品属性论，以及价格、渠道、需求等部分的系统研究结果，可以从更加宏观的角度着眼，理解类别在实际商业中的内在逻辑。

《营销科学原理》抛弃了过往多数营销类书籍以所谓的"成功案例"证明其营销方法有效的归因偏差的写作逻辑。笔者营销类别定类划分，当作一个课题做系统化结构性研究。注重基础分析和类别发展规律以及在规律下发展路径的研究工作，以提升营销判断的准确微率。可以帮助读者建立一个至新的营销分析框架和营销思维系统。在对不同类别生意进行营销判断的时候，形成系统性地分析路径，辅助判断决策。

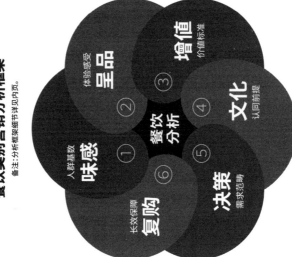

## 餐饮类别营销分析框架

备注：分析框架细节详见内页。

味感 人群基数 ①
呈品 体验感受 ②
增值 价值标准 ③
文化 认同前提 ④
决策 需求范畴 ⑤
复购 长效保障 ⑥
餐饮分析

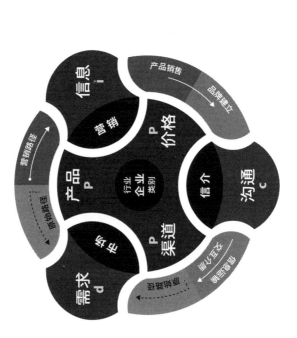

## 3P icdb ｜营销分析框架图

产品 价格 渠道
信息 沟通 需求

信息 i
价格 P
产品 P
渠道 P
沟通 c
需求 d
信介
行业 企业 类别

营销路径
原始路径
产品销售
品牌建立
身心互交
情感留置

诉求
印象